VORWORT

Das vorliegende Material ist in erster Linie für den Gebrauch im Klassenunterricht konzipiert, wobei besonders auf den didaktischen Grundsatz der Einbeziehung vieler Schüler Bedacht genommen wurde. Dieser Grundsatz hat uns dazu veranlaßt, die Sätze leicht spielbar anzulegen und optisch gut leserlich auszuführen.

Wir haben zudem auf das Setzen von Generalvorzeichen verzichtet, da uns die schulpraktische Arbeit mit Klangbausteinen gelehrt hat, daß das Lesen des Notentextes erleichtert wird, wenn die Vorzeichen unmittelbar vor den entsprechenden Noten positioniert sind.

Für jedes Werk wurden wesentliche Informationen zum Komponisten und zum Werk zusammengestellt. Das jeweilige Lebensalter des Komponisten ist zusätzlich zur Jahreszahl in geschlungener Klammer (z.B.: *{35}*) angeführt. Wir meinen, daß für Schüler das tatsächliche Lebensalter eines Komponisten konkreter faßbar ist, als die alleinige Angabe einer nüchternen Jahreszahl.

Vorarbeiten für den Informationsteil (Komponist und Werk) leisteten: Michaela Feiertag, Gilbert Flecker, Werner Frasz, Kora Gasser, Elke Glössl, Günther Hohl, Monika Hörschelmann, Hans Hubmann, Andrea Kastenhofer, Celine Lipscha, Edith Narnhofer, Helga Ortner, Karin Pöschl, Elisabeth Ratschan, Martina Roth, Agnes Schag, Kerstin Scherl, Carina Schiefer, Sylvia Steinkellner, Christoph Stöckler.

Zu allen Sätzen ist eine Kassette mit den Tonbeispielen erhältlich. Zum Vergleich sind von einigen Beispielen (z.B. TB 16a, TB 16b) Aufnahmen von verschiedenen Interpreten beigefügt, die nicht für das Mitspielen gedacht sind.

Für alle SPIEL-SÄTZE bzw. SPIEL-MIT-SÄTZE für KLANGBAUSTEINE/STABSPIELE/ANDERE INSTRUMENTE wurde eine **Computerdiskette** mit den Musikbeispielen auf Basis eines **MIDI-Files** erstellt. Mit Hilfe eines Sequenzerprogrammes können diese Sätze abgespielt werden, wobei der große Vorteil zum einen darin liegt, daß zum Zwecke des Einstudierens das Tempo ohne Auswirkungen auf die Tonhöhe völlig variabel gewählt werden kann, zum anderen, daß einzelne Stimmen des Playbacks nach Belieben zu- und weggeschaltet werden können. Je nachdem, welche Instrumente im Klassenverband vorhanden sind, kann das Playback der jeweiligen Situation angepaßt werden.

Die Tonbeispiele wurden eingespielt von:
Manfred Tausch: TB 08, TB 09, TB 12, TB 13, TB 14, TB 15
Gerhard Wanker: TB 01, TB 02, TB 03, TB 04, TB 05, TB 06, TB 07, TB 10, TB 11, TB 16a, TB 17a, TB 18a, TB 19a, TB 20a, TB 21a

Erstellung der MIDI-Files und Tontechnik: Thomas Wanker

Die Autoren

SPIEL - MIT - SÄTZE
FÜR
KÖRPEREIGENE INSTRUMENTE

Hinweise:

- Bei der Wiedergabe von Musikbeispielen wird gleichzeitig mit körpereigenen Instrumenten mitmusiziert.

- Die Symbole für die körpereigenen Instrumente wurden so gewählt, daß eine möglichst hohe Wahrscheinlichkeit der Assoziation des Symbols mit dem entsprechenden körpereigenen Instrument gewährleistet ist.

- In der Konzeption wurde darauf Bedacht genommen, dynamische und formale Charakteristika möglichst der Musik entsprechend mit körpereigenen Instrumenten herauszuarbeiten (laute Stellen = laute körpereigene Instrumente; Wiederholungen = entsprechende Wiederholungen der körpereigenen Instrumente).

- Bei den Sätzen ist jeweils eine Metrumzeile als zeitliche Orientierungshilfe angegeben:
  Viertelmetrum: G. Wanker / B. Cronenberg: Übung 1/2, W. A. Mozart: Ouvertüre, 1.Teil aus: Die Entführung aus dem Serail; W. A. Mozart: Sinfonie Nr. 35 (*Haffner)*, 4. Satz: ab Reprise; G. Bizet: Farandole aus: Arlésienne-Suite Nr. 2; C. Santana: Oye como va;
  Achtelmetrum: F. Smetana: Bauernhochzeit aus: Die Moldau.

- Die Angabe von Buchstaben zu Beginn jeder Zeile in Kombination mit der Taktnumerierung, jeweils mit der Zahl 1 beginnend, gewährleistet ein rascheres Auffinden der entsprechenden Stelle und erleichtert die Erarbeitungs- und Übungsphase.

- Den Sätzen sind eine Symbolerklärung und ein Übungsblatt (Übung 1/2 mit 2 dazugehörigen Musikbeispielen) vorangestellt.

- Bei Smetanas Bauernhochzeit wurde versucht, den Schülern sowohl verbal als auch im Umgang mit dem körpereigenen Instrumentarium ansatzweise einen Freiraum zur individuellen Gestaltung zu lassen.

Methodische Anregungen:

- Für den Gebrauch im Klassenunterricht empfiehlt es sich, von der Symbolerklärung und von den Sätzen eine Overheadfolie herzustellen. Das Mitzeigen auf Overheadfolie (Lehrer oder Schüler) als Orientierungshilfe für die Schüler ist vorteilhaft.

- In der schulischen Praxis hat es sich für eine rasche Umsetzung der Sätze als sehr günstig erwiesen, für die einzelnen körpereigenen Instrumente zusätzlich *Kurzwörter* zu verwenden, die der Lehrer dann während des Einübens bzw. der praktischen Umsetzung als Hilfestellung für die Schüler mitspricht (z.B.: klatschen = *klatsch*; schnippen = *schnips*; mit den Händen auf die Oberschenkel klopfen = *pasch*; stampfen = *stampf*; Kopfnicken = *nick*; mit beiden Händen auf dem Kopf einen nach oben spitzen Hut formen = *Hut* etc.).

- Die körpereigenen Instrumente sollten präzise, aber dennoch locker und nicht zu laut (z.B.: stampfen) ausgeführt werden, um die Musik nicht zu übertönen.

SYMBOLERKLÄRUNG

Gerhard Wanker/Bernhard Cronenberg

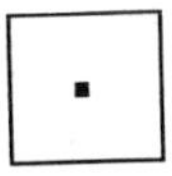 schnippen (gleichzeitig mit Daumen und Mittelfinger beider Hände)

 klatschen

 mit den Händen auf die Oberschenkel klopfen

 mit einer Hand auf den Handrücken der anderen tippen

 sanft stampfen (mit den Fußballen beider Beine gleichzeitig)

 mit der rechten Hand auf die linke Schulter tippen

 mit der linken Hand auf die rechte Schulter tippen

 mit den Händen überkreuzt auf die Schultern tippen

 mit den Händen überkreuzt auf die Schultern tippen und gleichzeitig mit beiden Füßen sanft auf den Boden stampfen

 mit beiden Händen auf dem Kopf einen nach oben spitzen Hut formen

 aufstehen

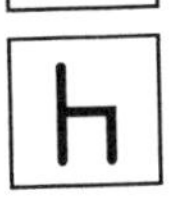 niedersetzen (Anm.: kleiner werdende Sessel bedeuten langsames Niedersetzen vom ersten bis zum letzten Symbol)

 mit den Händen imaginär Marionetten bewegen

 dirigieren

 Kopfnicken

 mit gestreckten Handflächen den Kopf zwischen rechte (oben) und linke (unten) Hand nehmen (Arme sind dabei parallel)

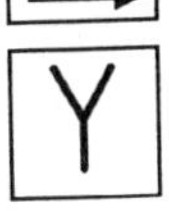 beide Arme in die Höhe strecken

 einmal im Uhrzeigersinn um die eigene Achse drehen

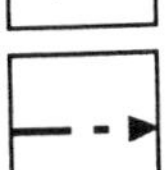 Platzwechsel

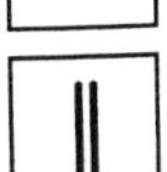 mit beiden Händen in die Hände des gegenübersitzenden Partners klatschen

S4432

Gerhard Wanker/Bernhard Cronenberg: BODYMUSSION 1/2

TB 01/02

Übung 1

Die Übung 1 verfolgt in erster Linie den Zweck, die verschiedenen graphischen Symbole kennenzulernen und einzuüben. Da das Beispiel sehr leicht ist (Buchstabe A-J bringt die Zeichen mehrmals hintereinander), kann großteils vom Blatt gespielt werden. Die Zeilen K-O sollten vorher "trocken" geprobt werden.

Als Playback wurde eine Cembalofassung gewählt.

Die ersten acht Takte:

Übung 2

Für die Übung 2 wurde eine jazzorientierte Musik eingespielt, die Symbole und der Ablauf des Stückes sind jedoch gleich wie bei Übung 1.

Die ersten **sechs** Takte: **4 Takte Einleitung + 2 Takte Buchstabe A**

S4432

BODYMUSSION 1/2

TB 01/02

Gerhard Wanker / Bernhard Cronenberg

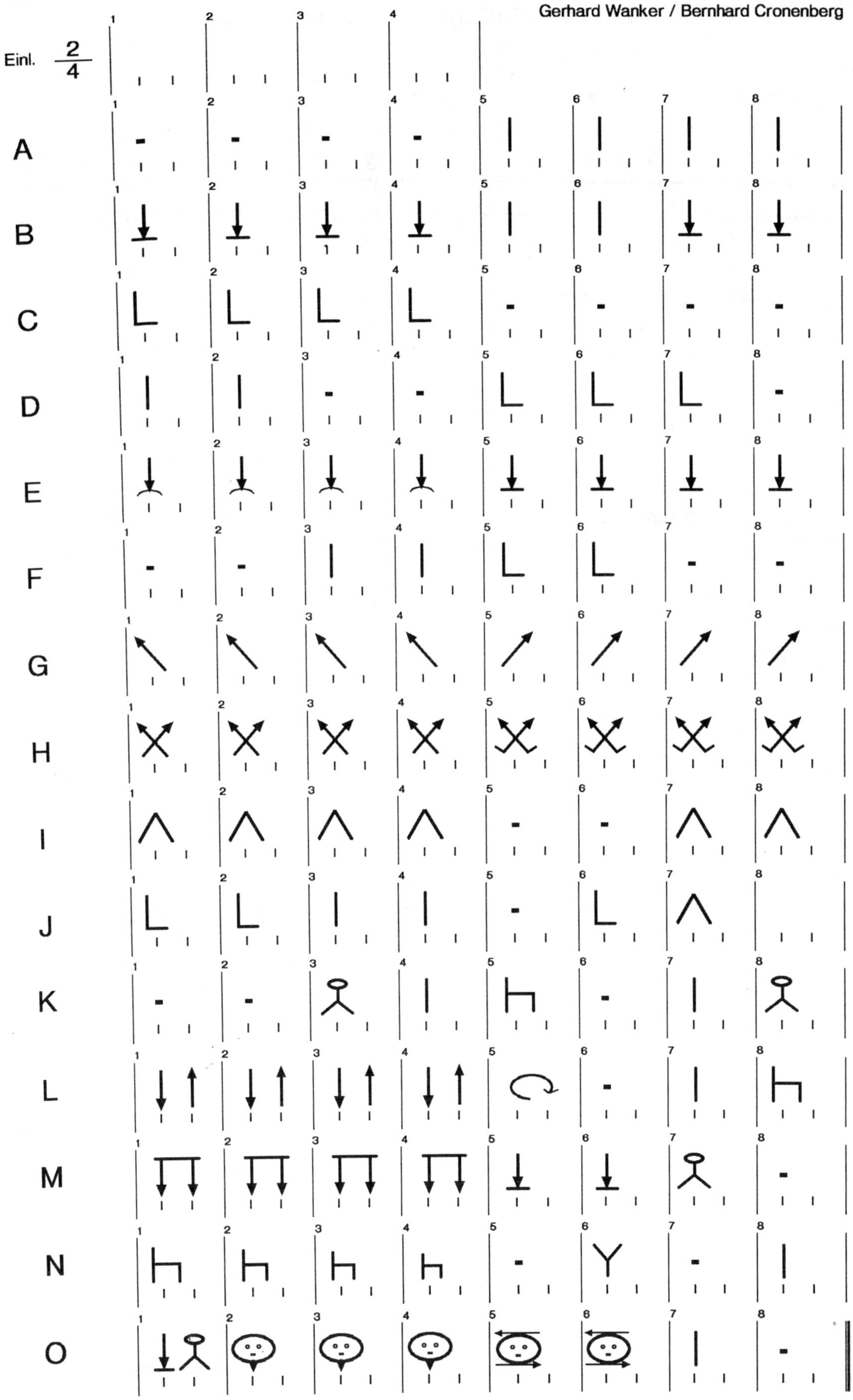

S4432

Wolfgang Amadeus Mozart: OUVERTÜRE, 1.Teil TB 03
aus: Die Entführung aus dem Serail

W. A. Mozart:
geb. 27.1.1756 in Salzburg - gest. 5.12.1791 *{35}* in Wien
Bedeutsam für diesen wohl größten österreichischen Komponisten sind neben seiner einzigartigen musikalischen Begabung (Wunderkind) und seiner ungemeinen Fülle von Werken (22 Opern, 41 Sinfonien, Klavierwerke, Solokonzerte, Streich- und Bläserwerke in unterschiedlichster Besetzung, kirchenmusikalische Werke (Requiem, Messen)), seine Reisetätigkeit (Mozart verbrachte mindestens 10 Jahre seines Lebens auf Reisen) und der aufschlußreiche Briefwechsel mit seinem Vater Leopold Mozart (1719-1787). Dieser kommentierte die Ouvertüre zur *Entführung aus dem Serail* mit folgenden Worten: *"Von der ouverture haben sie nichts als 14 Täckt.- die ist ganz kurz- wechselt immer mit forte und piano ab; wobey beim forte allzeit die türckische Musik einfällt.- modolirt so durch die töne fort- und ich glaube man wird dabei nich schlafen können, und sollte man eine ganze Nacht durch nichts geschlafen haben* ".

Entführung aus dem Serail
Die *Entführung aus dem Serail*, ein deutsches Singspiel in drei Aufzügen, wurde im Auftrag von Kaiser Joseph II. (Sohn der Kaiserin Maria Theresia) für das Nationaltheater in Wien geschrieben. Anläßlich des Aufenthaltes des russischen Großfürsten Paul Petrowitsch in Wien im September 1781 *{25}* sollte sie uraufgeführt werden. Die Premiere fand mit großem Erfolg jedoch erst am 16. Juli 1782 statt. Das Libretto zur *Entführung* stammt von Gottlieb Stephanie d.J. und basiert auf Christoph Friedrich Bretzner´s Stück *Belmonte und Konstanze od. die Verführung aus dem Serail*. *Serail* ist eine persisch-türkische Bezeichnung für *Haus bzw. Palast*. In Mozarts Werk bedeutet es konkret die Frauenabteilung des orientalischen Palastes (Harem).

Ouvertüre
Die Ouvertüre zur *Entführung* repräsentiert den Typus der dreisätzigen italienischen Ouvertüre mit der Abfolge: Presto (schnell) - Andante (mit musikalischen Elementen aus der 1. Arie des Belmonte, langsam) - Presto (schnell).

1.Teil
Kennzeichnend für diesen Abschnitt ist die Periodisierung: Vordersatz (8Takte) - Nachsatz, der nicht gleich zu Ende geführt wird (6 Takte). Der Vordersatz zeichnet sich im Bereich der Dynamik durch ein Streicherpiano aus, wohingegen den Nachsatz das Forte der *Janitscharenmusik* (Musikkapelle der Elitetruppe des türkischen Sultans - sog. Janitscharen; charakteristische Instrumente: Piccoloflöte, große Trommel, Triangel, Becken) dominiert. Den gesamten ersten Teil hindurch erfolgt vom schematischen Ablauf her ein Wechsel zwischen forte und piano. Auf die Wiederholung des Vorder- und Nachsatzes folgen modulierende Takte bis zum Einsatz des zweiten Themas, beherrscht von Cello und Fagott. Mit einem äußerst dramatischen Abschluß endet der erste Teil und es folgt nahtlos das Andante des zweiten Teiles.

Die ersten vier Takte:

TB 03: Aufnahme: Mozart-Orchester des Opernhauses Zürich, Nikolaus Harnoncourt, Die Entführung aus dem Serail (Highlights), TELDEC Record Service GmbH., 1988, Hamburg

OUVERTÜRE, 1. Teil (Takt 1 - 118)
aus: Die Entführung aus dem Serail

TB 03

Musik: Wolfgang Amadeus Mozart
Arr.: Bernhard Cronenberg

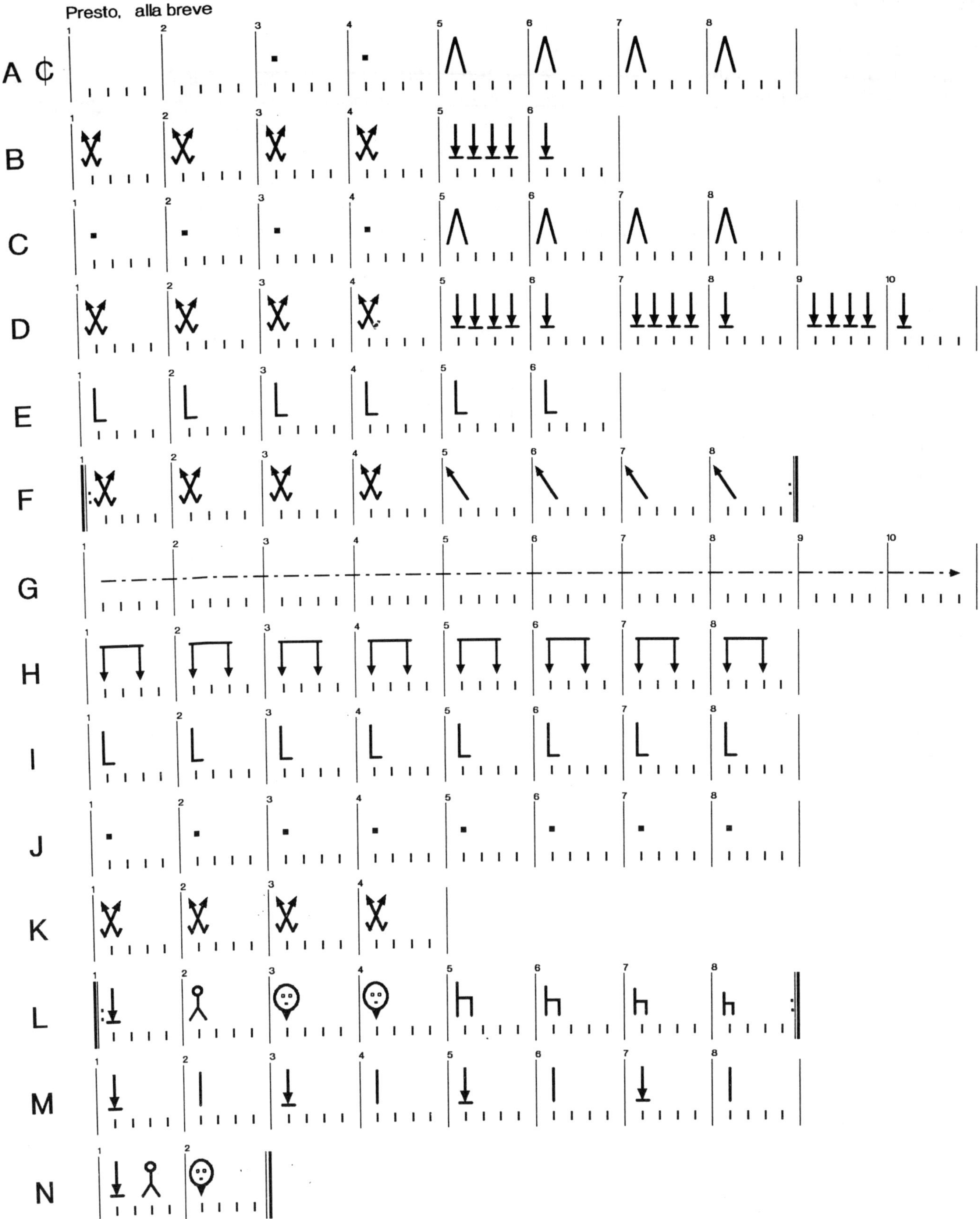

W. A. Mozart: SINFONIE Nr.35 (Haffner), 4. Satz: ab Reprise (T.139-264) TB 04

W.A. Mozart
(siehe Seite 8)

Haffner-Sinfonie
Mozart komponierte die *Haffner-Sinfonie* auf die dringende Bitte seines Vaters hin für den befreundeten Salzburger Bürgermeister Sigmund Haffner anläßlich dessen Erhebung in den Adelsstand. Das Werk war ursprünglich als Serenade komponiert (zur Serenade: siehe erläuternden Teil zu: *Eine kleine Nachtmusik: 1.Satz, Exposition*). Als Mozart die Serenade später wieder durchsah, war er von deren Musik so angetan, daß er beschloß, sie durch Weglassen eines einleitenden Marsches und eines Menuetts sowie durch Vervollständigungen in der Instrumentation zur Sinfonie auszubauen.
Dieses Werk ist nicht zu verwechseln mit der 1776 *{20}* komponierten *Haffner-Serenade*, die zufällig auch in D-Dur steht.

4.Satz
Die Stimmung dieses Satzes ist durchaus als festlich-beschwingt zu bezeichnen. In der Form ist der gesamte 4. Satz ein großes Rondo, das an den Triumph Osmins in Mozarts Oper *Die Entführung aus dem Serail* erinnert. Das Hauptthema kehrt viermal wieder, der Seitensatz dreimal in wechselnden Tonarten. Der Satz sprudelt im schnellen Presto dahin (*"so geschwind als es möglich ist"*), keinen Augenblick setzt die ständig vorwärts drängende Bewegung aus.

Die ersten vier Takte:

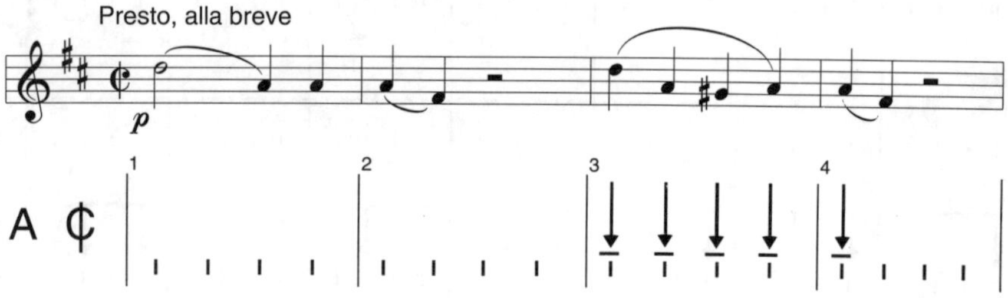

TB 04: Aufnahme: Wiener Philharmoniker, Leonard Bernstein, W. A. Mozart, Die späten Symphonien, Deutsche Grammophon, Digital Stereo 419 427-2

TB 04

SINFONIE NR. 35 (Haffner), 4.Satz: ab Reprise (Takt 139-264)

Musik: Wolfgang Amadeus Mozart
Arr.: Bernhard Cronenberg

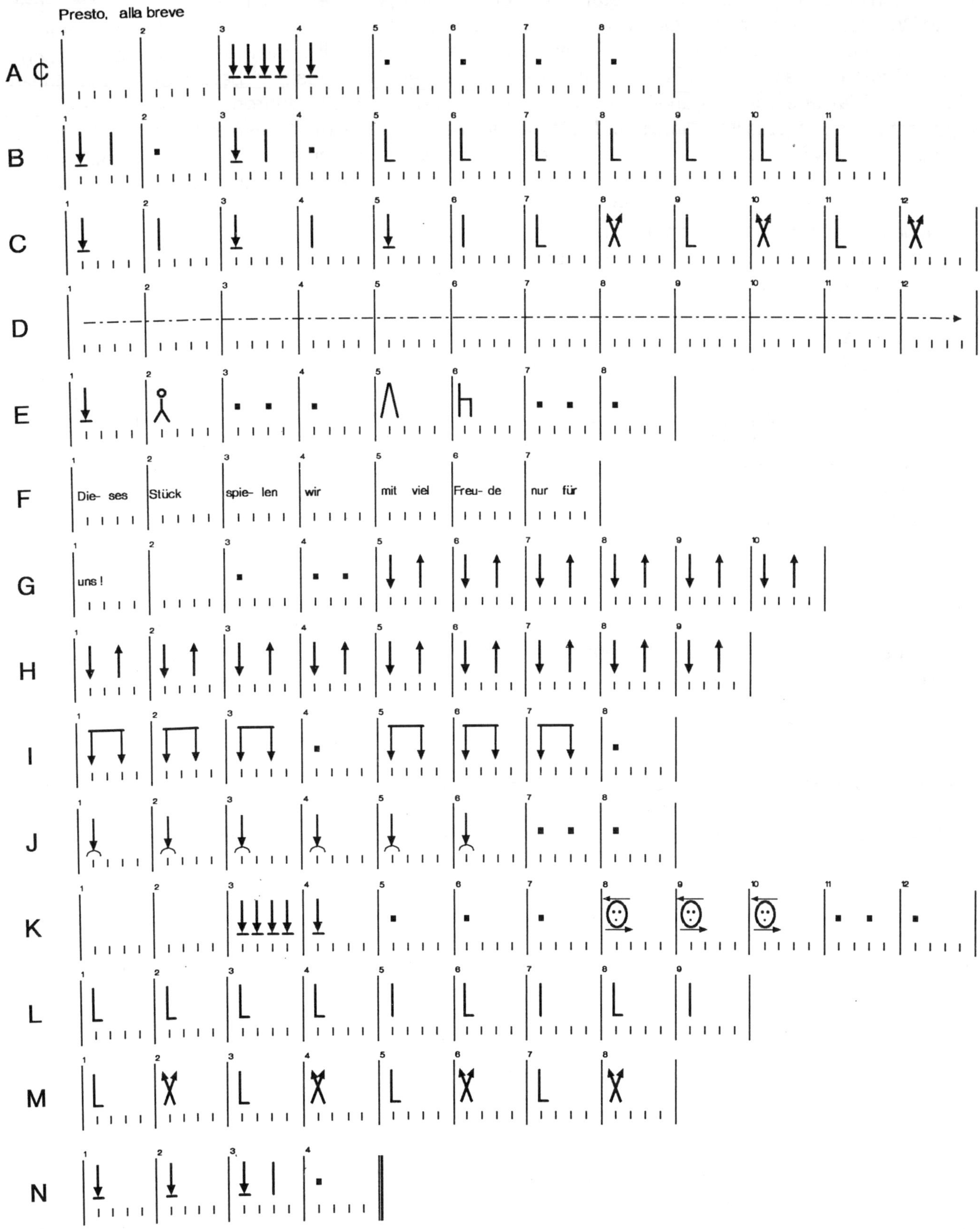

S4432

Friedrich Smetana: BAUERNHOCHZEIT aus: Die Moldau

TB 05

Friedrich Smetana
geb. 2.3.1824 in Litomyšl (Ostböhmen) - gest. 12.5.1884 *{60}* in Prag
Den ersten Musikunterricht erhielt Smetana von seinem Vater, Pächter einer Brauerei. Der Vater strebte keine Wunderkindkarriere für seinen Sohn an, sondern trachtete nach einer breiten Allgemeinbildung. Bereits mit sechs Jahren trat Friedrich Smetana das erste Mal öffentlich als Pianist auf. Nach Abschluß seiner Gymnasialzeit entschied er sich für die Musik, studierte Komposition bei Josef Proksch in Prag und wurde Klavierlehrer der Familie Graf von Thun. Im Jahr 1848 *{24}* Jahren gründete er eine eigene Musikschule in Prag. Als Kapellmeister des tschechischen Theaters (ab 1866 *{42}*) setzte sich Smetana intensiv für die Werke zeitgenössischer tschechischer Komponisten ein. Er gilt heute als Vater der tschechischen Nationalmusik. Im Jahr 1874 *{50}* ereilte ihn dasselbe Schicksal wie Beethoven - er wurde taub und mußte die Leitung des Theaters niederlegen.
Seine bekanntesten Kompositionen sind die Opern *Die verkaufte Braut* (1866 *{42}*), *Dalibor* (1868 *{44}*) und *Libussa* (1881 *{57}*) sowie das Streichquartett *Aus meinem Leben* (1876 *{52}*) und der sechsteilige Zyklus *Mein Vaterland* (1874-1879 *{50-55}*).

Mein Vaterland
Trotz finanzieller Schwierigkeiten und absoluter Taubheit arbeitete Smetana ab 1874 *{50}* verbissen an der Realisierung eines Vorhabens, das er schon früh gefaßt hatte: in einer Reihe sinfonischer Dichtungen Heimat und Volk zu besingen. Dieser sechsteilige Orchesterzyklus (Vyšehrad - Die Moldau - Šárka - Aus Böhmens Hain und Flur - Tábor - Blaník) behandelt Stoffe aus der tschechischen Sage und Geschichte sowie Bilder aus der heimatlichen Landschaft und ist wesentlich geprägt von Liszts Idee der *sinfonischen Dichtung.* Darunter versteht man die Kunst, außermusikalische Inhalte wie Gedichte, Bilder, Naturstimmen, Landschaftsbilder, Ereignisse und Begebenheiten mit musikalischen Mitteln formal frei und phantasieartig darzustellen.

Die Moldau
Die Moldau ist das zweite Stück aus dem sechsteiligen Zyklus und stellt eine musikalische Beschreibung des Laufes der Moldau unter Einbeziehung von Ereignissen an ihren Ufern dar: Die Quellen - Der Fluß - Waldjagd - Bauernhochzeit - Nymphenreigen - Die Moldau strömt weiter - St. Johann-Stromschnellen - Die Moldau strömt breit dahin - Vyšehrad - Der Fluß entschwindet in der Ferne.

Bauernhochzeit
Dieser Teil gibt die Stimmung einer bäuerlichen Hochzeit in einem böhmischen Dorf wieder. Klarinetten und Geigen stimmen eine lustige Polka an, begleitet von Fagott und Baß. Die fröhlichen Klänge sind zunächst nur aus der Ferne zu hören, dann immer näher und eindringlicher, bis sie schließlich in dem dahingleitenden Strom verklingen.
Die *Polka* ist ein böhmischer Drehtanz im Zweivierteltakt in mäßig schnellem Tempo. Der Polkarhythmus tauchte um das Jahr 1830 erstmals in Böhmen auf und die Polka wurde zum tschechischen Nationaltanz. Der Tanz erfreute sich so großer Beliebtheit, daß er sich in ganz Europa verbreitete und neben dem Walzer zu einem der meistgetanzten Gesellschaftstänze der bürgerlichen Gesellschaft des 19. Jahrhunderts wurde.

Die **zweiten** vier Takte: Buchstabe B

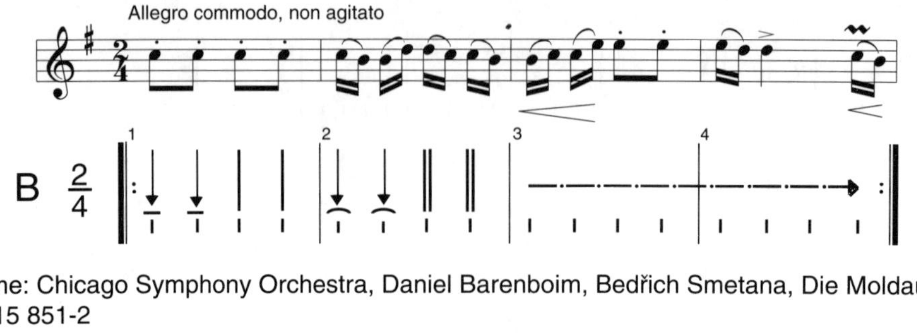

TB 05: Aufnahme: Chicago Symphony Orchestra, Daniel Barenboim, Bedřich Smetana, Die Moldau, Deutsche Grammophon, Stereo 415 851-2

BAUERNHOCHZEIT (Takt 118-173)
aus: Die Moldau

TB 05

Musik: Friedrich Smetana
Arr.: Bernhard Cronenberg

Allegro commodo non agitato, Takt = 2/4, METRUM = 4/8

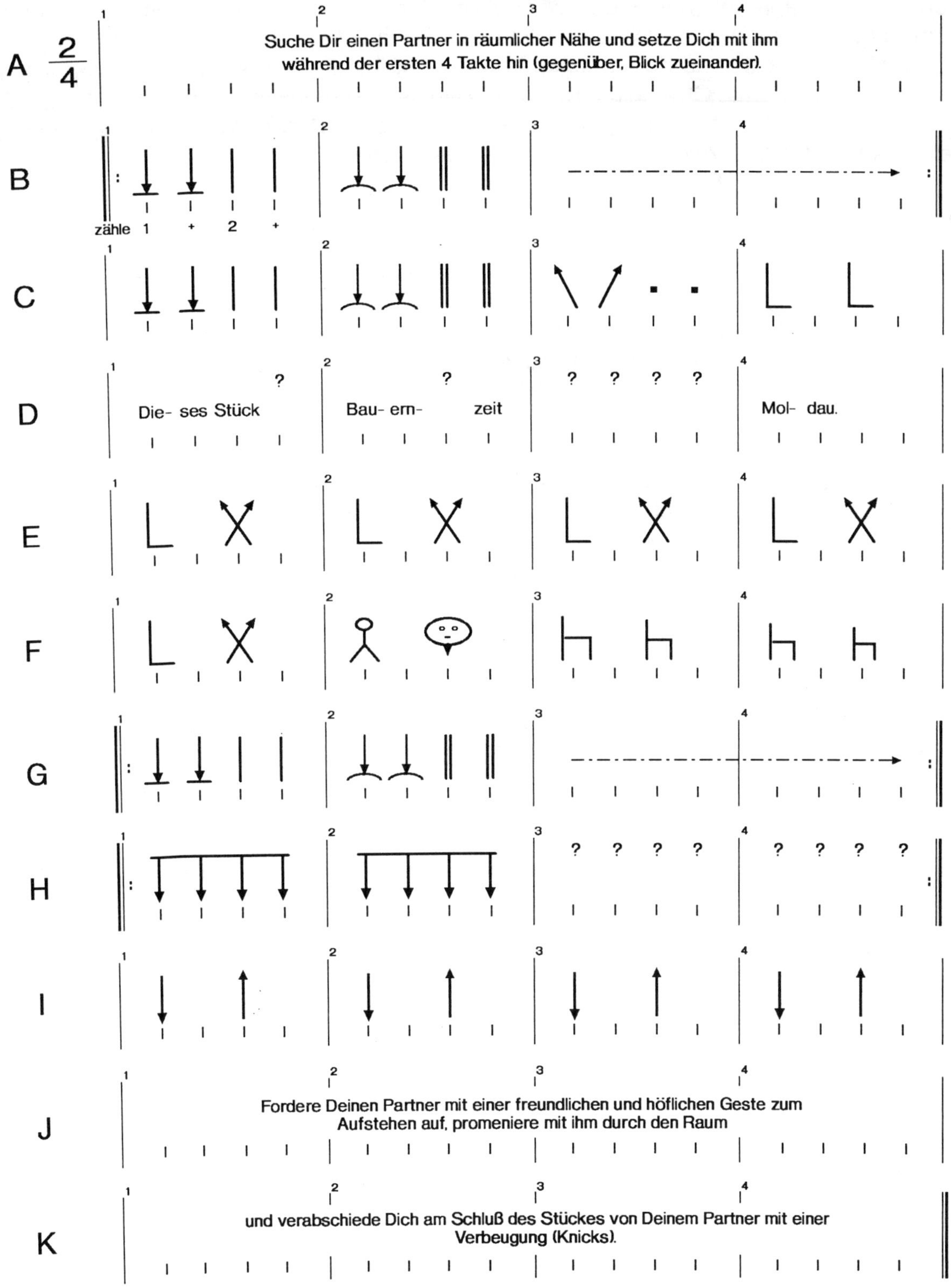

Erklärung:
Die mit ? gekennzeichneten Stellen sind sinngemäß eigenständig auszufüllen:
Zeile D: verbal
Zeile H: mit körpereigenen Instrumenten

Georges Bizet: FARANDOLE aus: Arlésienne-Suite Nr. 2

TB 06

Georges Bizet

geb. 25.10.1838 in Paris - gest. 3.6.1875 *{36}* in Bougival bei Paris
Georges Bizet zeigte so große musikalische Begabung, daß er trotz des erforderlichen Mindestalters von zehn Jahren bereits knapp vor Vollendung seines zehnten Lebensjahres vorzeitig an das Pariser Conservatoire aufgenommen wurde. Dort war er Schüler des Pianisten Marmontel. Darüberhinaus nahm er Privatunterrricht in Tonsatz und Kontrapunkt. Im Jahr 1853 *{15}* wurde Bizet in Komposition von J. Malévy unterrichtet und lernte Orgel in der Klasse F. Benoist. Bizet gewann zahlreiche Kompositionspreise, unter anderem mit seiner einaktigen Operette *Le Docteur Miracle.* Weltweite Berühmtheit erlangte Bizet mit seiner Oper *Carmen* und den *Arlésienne-Suiten Nr. 1 und Nr. 2.*

Arlésienne-Suiten

Ursprünglich waren die *Arlésienne-Suiten* eine Bühnenmusik zu Alphonse Daudets Drama *L´Arlésienne.* In Auftrag gegeben wurde dieses Werk von Léon Carvalho, Direktor des Théâtre du Vaudeville, unter der Auflage, daß die Komposition aus Geldmangel für höchstens 27 Musiker zu schreiben sei. Die Uraufführung des Bühnenwerks am 1.10. 1872 *{34}*, bei der Bizet selbst den Chor hinter der Szene auf einem Harmonium begleitete, war ein Mißerfolg. Bizet stellte daraufhin aus Teilen der Bühnenmusik eine Suite (Arlésienne-Suite Nr. 1) zusammen, die großen Beifall fand.

Arlésienne-Suite Nr. 2

Vier Jahre nach Bizets Tod wurde die *Arlésienne-Suite Nr.2* von seinem Freund Ernest Guiraud aus den noch nicht verwerteten Resten der Bühnenmusik und aus Teilen von Bizets Oper *La Jolie Fille de Perth* in folgender Abfolge zusammengestellt: *Pastorale* (von Guiraud etwas verändert) - *Intermezzo* (original von Georges Bizet) - *Menuet* (von Guiraud verändert) - *Farandole*

Farandole

Die *Farandole* ist ein provenzalischer Volkstanz im 6/8 Takt. Zwei charakteristische Instrumente der provenzalischen Volksmusik, Galoubet (kleine Flöte mit nur drei Löchern) und Tambourin (lange röhrenförmige Trommel, am unteren Ende mit Saiten bespannt, die ein surrendes Geräusch hervorrufen), die gleichzeitig von nur einer Person gespielt wurden (linke Hand hält die Flöte, während die rechte mit einem Stäbchen, das mit Hilfe einer Schnur am Gürtel befestigt ist, die Trommel schlägt), hat Bizet in seiner Komposition meisterhaft imitiert.
Die *Farandole* schließt das erste Bild des dritten Aktes und hatte bei Bizet ursprünglich nur 68 Takte. Ernest Guiraud erweiterte sie zu 246 Takten, indem er den berühmten *Marche des Rois* hinzufügte.

Formaler Ablauf:

T. 1 - 16	Marschthema in kleinem Fugato durchgeführt
T. 17 - 174	abwechselnd *Marche des Rois* und *Farandole*
T. 175 - 222	*Marche des Rois* und *Farandole* gleichzeitig
T. 223 - Ende	*Farandole* (Abspaltung...)

Pastorale und *Farandole* werden bisweilen als Ballettmusik im 4. Akt der Oper *Carmen* gespielt.

Die ersten vier Takte:

TB 06: Aufnahme: (Orchestre symphonique de Montréal, Charles Dutoit. © 1988 The Decca Record Company Ltd., London, DDD, 417 839-2 DH

FARANDOLE
aus: Arlésienne-Suite Nr. 2

Musik: Georges Bizet
Arr.: Bernhard Cronenberg

Achtung! Das Stück beginnt im ersten Takt auf dem dritten Schlag.

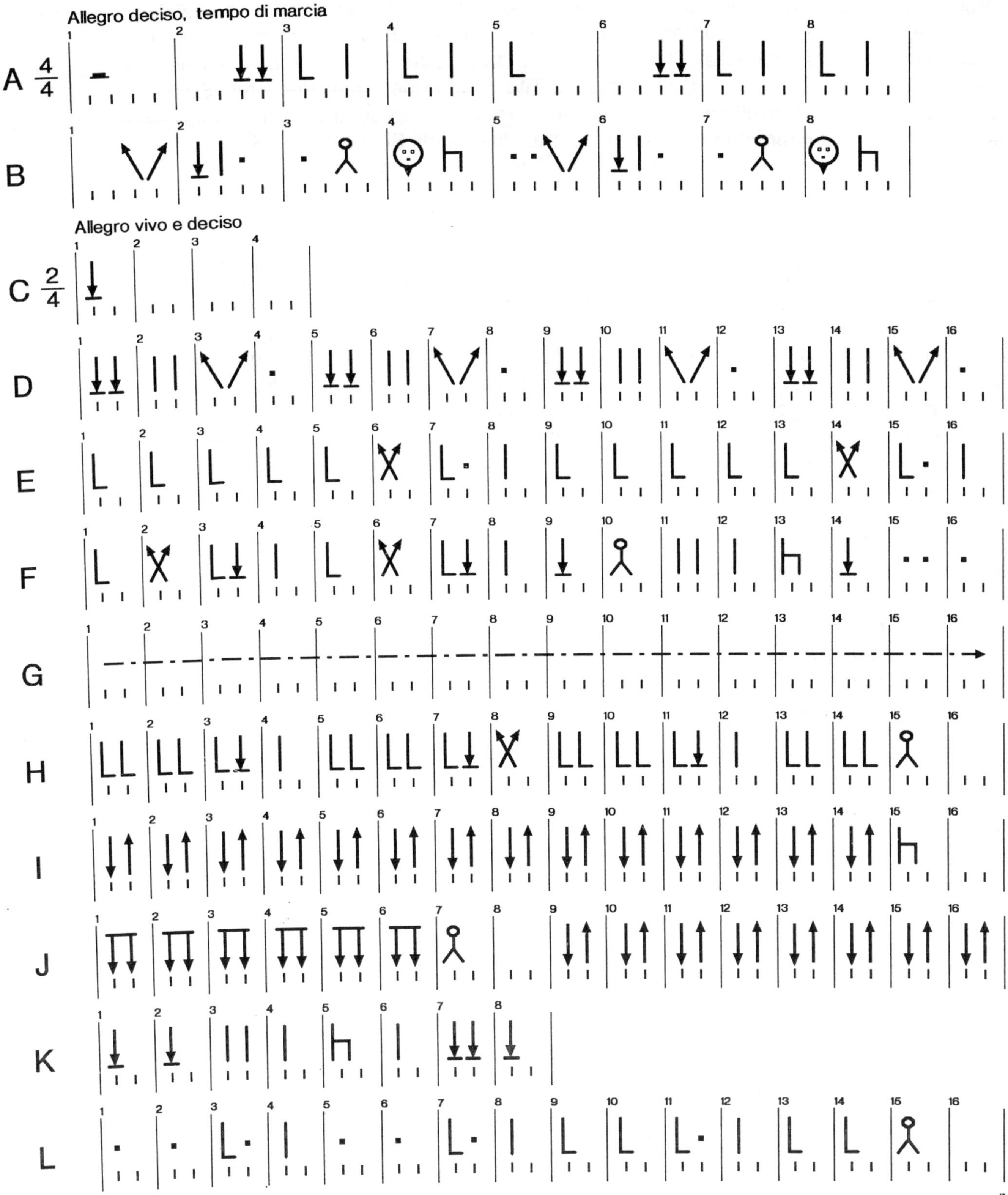

M Dirigiere das Stück im 2/4 Takt zu Ende. Stell Dir vor, Du bist Dirigent eines großen Symphonieorchesters und versuche in Richtung der einzelnen Instrumentengruppen, die Du deutlich hörst (beachte die Orchestersitzordnung!), zu dirigieren...

S4432

Ernest ("Tito") Puente: OYE COMO VA

Tito Puente TB 07

geb. 20.4.1925 in New York

Tito studierte Komposition und trat, ehe er im Jahr 1949 *{24}* seine erste eigene Gruppe gründete, mit verschiedenen Latin Bands auf. Bei diversen Jazzfestivals in Europa und Japan erzielte er mit seinen Formationen in den achtziger Jahren große Erfolge. Durch die Zusammenarbeit mit Musikern aus dem Bereich des Jazz entstanden viele Platten, unter denen vor allem die mit Woddy Herman produzierte LP "Hermans Heat & Puentes Beat" hervorsticht. Tito zählt neben dem Pianisten Eddie Palmieri, dem Conga-Trommler Ray Barretto und den Fania All Stars zu den wesentlichsten Protagonisten der "Salsa Welle" in den 70er Jahren. Weltruhm erlangte Tito Puente als Schöpfer des Songs "Oye como va", in der 1971 erstmals veröffentlichten Fassung der Gruppe *Santana*.

Salsa

Salsa ist eine musikalische Form, früher einfach als *Latin Music* bezeichnet, die ihre Wurzeln in der kubanischen Volks- und Folkloremusik hat und sich mit Jazzstrukturen (vor allem im Bereich der Harmonik (alterierte None, Undezim und Tredezim) und der Phrasierung im Bebop) vermischt hat. Verbreitet wurde der Name *Salsa* in den späten 60er Jahren. In erster Linie haben puertorikanische New Yorker oft auch als *Nuyoricans* oder *Neoyoricans* bezeichnet, diese musikalische Form entwickelt und sie wurden dabei kräftigst von der New Yorker Musikindustrie unterstützt, die in diesen neuen Musikstil viel Geld investierte und alles daran setzte, damit *Salsa* auch ein Erfolg wurde. Die Plattenfirma *Fania-Records* war es, die sich von Seiten der Musikindustrie besonders in der Förderung des *Salsa* auszeichnete.

Oye como va

Für Carlos Santanas Musik wurden seit den späten 60er Jahren afro-kubanische Elemente durch Hinzuziehung eines oder mehrerer Perkussionisten soundbestimmend: *Oye como va*, ein typischer *Salsa*, trägt dieser Einbeziehung afro-kubanischer Elemente voll und ganz Rechnung.

Standardbesetzung des Salsa: 1-2 Leadsänger, 2-5 Blechblasinstrumente (brass instruments), Klavier, Bass, ein Paar Congas, Timbales, Bongos, Kuhglocke und verschiedene in der Hand gehaltene kleine Perkussionsinstrumente.

Folgende Phrase ist ein charakteristisches Merkmal für die rhythmisch-melodische Struktur eines *Salsa:*

vgl. dazu: *Oye como va*

Die ersten zwei Takte:

Bass

TB 07: Aufnahme: Swing & Musical Orchestra Graz; Swingtime, Ervergreens und Superhits, © 1989 by Adler-Musikverlag, Edition ATP, Bad Aussee, ORF, DDD, CD 42

OYE COMO VA

TB 07

Words and Music: Ernest ("Tito") Puente
Arr.: Bernhard Cronenberg

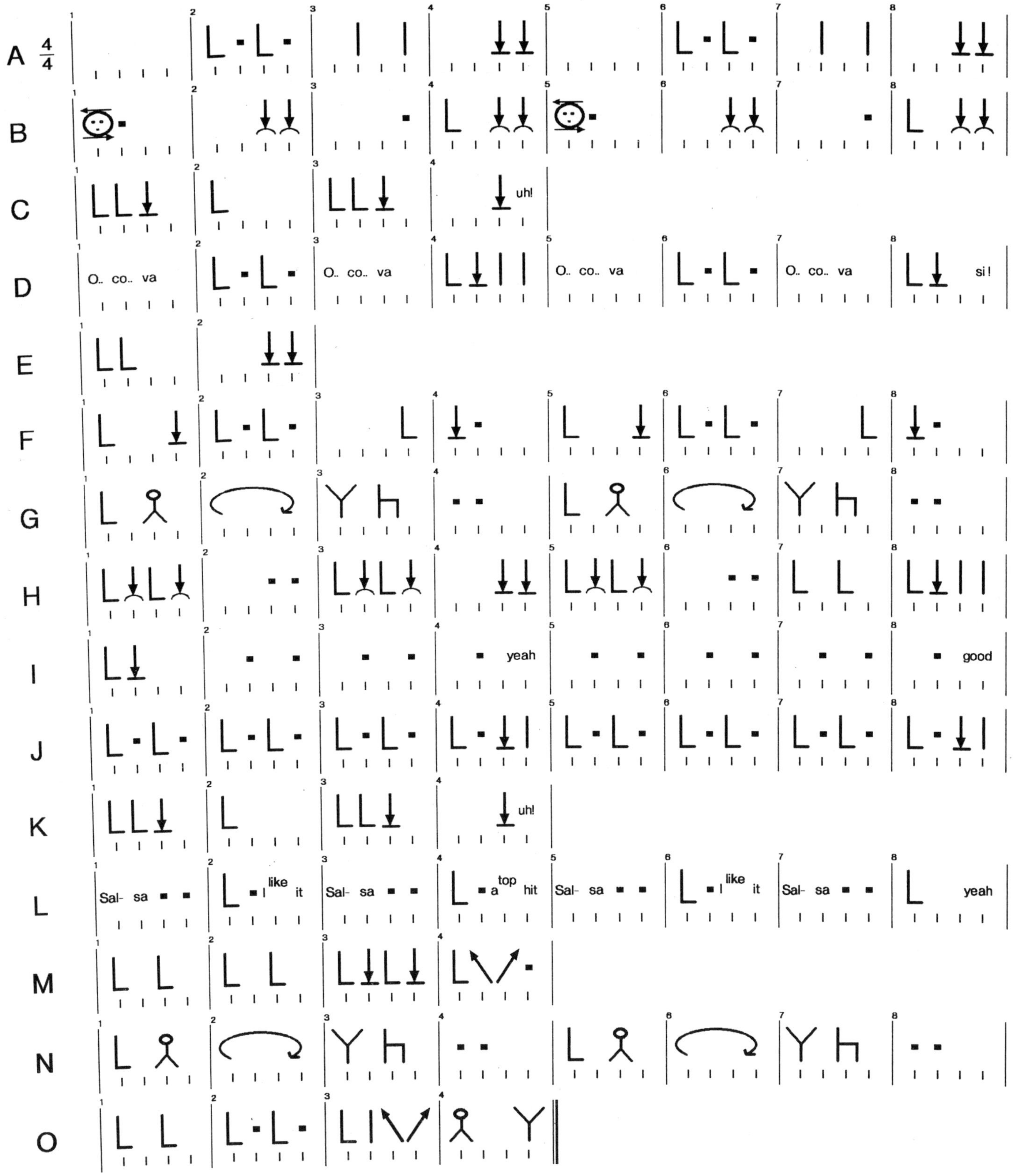

Erklärung:
Zeile D: O..co..va.. = Oye como va; Zeile L: I like it, a top hit = auf verschiedenen Tonhöhen sprechen

S4432

SPIEL - SÄTZE bzw. SPIEL - MIT - SÄTZE
FÜR
KLANGBAUSTEINE / STABSPIELE / ANDERE INSTRUMENTE

Hinweise:

- Bei Wiedergabe von Musikbeispielen wird gleichzeitig mitmusiziert, wobei die Sätze entweder in Buchstaben oder in absoluten Tonhöhen notiert sind.

- Das grundlegende Prinzip dieser Sätze besteht darin, das harmonische Material in Einzeltöne aufzusplitten. Jeder Schüler erhält nur einen Klangbaustein und aus dem Zusammenspiel aller ergeben sich ein- bis mehrstimmige Versionen des vorgegebenen Satzes.

- Bei jedem Satz sind links oben die notwendigen Klangbausteine (Kleinbuchstaben) bzw. Baßstäbe (Großbuchstaben) angeführt. Beispiel:

c 10x /1/2/, des 5x /2/4/, es 27x/1/ ......
C 12x, DES 7x.......

  c 10 x /1/2/ heißt: der Klangbaustein c kommt 10x in diesem Stück und zwar nur in der ersten und zweiten Stimme vor. Diese Information dient dem leichteren Auffinden der Töne. Die Töne können einzeln aber auch chorisch besetzt werden, wobei z.B. beim angegebenen Klangbaustein c die Klangbausteine c1, c2, c3 etc. verwendet werden können.

- Die Sätze nach obengenanntem Prinzip sind auch mit anderen Instrumenten (Blas- und Streichinstrumente, Keyboards, Gitarren etc.) ausführbar. Bei den Begleitsätzen in absoluter Notation ist darauf zu achten, daß die absoluten Tonhöhen gespielt werden.

- Bei den Buchstabensätzen ist eine Metrumzeile als zeitliche Orientierungshilfe angegeben.

- Den Sätzen aus dem Bereich der ernsten Musik wurde das originale Notenmaterial beigegeben.

Methodische Anregungen:

- Nach Austeilen der benötigten Klangbausteine und einer ersten Orientierung der Schüler hat es sich als günstig erwiesen, die benötigten Klangbausteine vom tiefsten bis zum höchsten Ton nach einem vom Lehrer vorgegebenen Tempo durchzuspielen. Der Lehrer kann dadurch kontrollieren, ob alle für das jeweilige Stück notwendigen Klangbausteine vorhanden sind.

- Das erste Durchspielen eines Satzes sollte, je nach Leistungsstärke der Klasse *stumm* ausgeführt werden: dabei schlagen die Schüler nicht wirklich auf die Klangbausteine, sondern sie deuten den Schlag nur an. Dadurch ist es den Schülern möglich, gleichsam in Art eines Trockentrainings zu üben, ohne die Mitschüler dabei klanglich zu irritieren.

J.S.Bach : PRÄLUDIUM NR.1
aus dem Wohltemperierten Klavier, Band 1, BWV 846-869

TB 08

Johann Sebastian Bach
geb. 21.3. 1685 in Eisenach - gest. 28.7.1750 *{65}* in Leipzig
Bereits mit zehn Jahren hatte Bach beide Elternteile verloren und wuchs bei seinem ältesten Bruder Johann Christoph Bach (1671-1721) auf. Eine solide musikalische Ausbildung erhielt Bach auf dem Klavier und der Orgel, der Violine und im Gesang. Nach Aufenthalten in Weimar (Hoforganist und Kammermusiker bei Herzog Wilhelm Ernst von Sachsen, 1708-1717 *{23-32}*) und am Hof des Fürsten Leopold von Anhalt-Köthen (Hofkapellmeister von 1717-1723 *{32-38}*), wurde er 1723*{38}* Thomaskantor in Leipzig. J.S. Bach war zwei Mal verheiratet. Den beiden Ehen entstammten insgesamt 19 Kinder, wobei die Ehe mit seiner ersten Frau, Maria Barbara (1684-1720), eine Cousine zweiten Grades, die beiden bekanntesten Bach-Söhne Wilhelm Friedemann (1710-1784) und Carl Philipp Emmanuel (1714-1788) hervorbrachte. Anna Magdalena (1701-1760), die zweite Frau Bachs, war Sängerin und schenkte ihm 13 Kinder, darunter Johann Christian (1735-1782), der W.A.Mozart nachhaltig beeinflußte. Bachs Bedeutung für die Nachwelt liegt zum einen in seinen Werken im liturgischen Bereich (Kantaten, Messen, Motetten, Passionen, Oratorien, Orgelwerke), zum anderen auf kammermusikalischem Sektor (Sonaten, Konzerte, Suiten) und im Bereich der Klaviermusik (*z.B.Wohltemperiertes Klavier, Italienisches Konzert*).

Präludium
In der Regel bezeichnet Präludium eine einsätzige Komposition im freien Stil, meist für Tasteninstrumente oder Laute. Es entstand aus der Improvisationspraxis, z.B. aus dem Brauch des Organisten, den Priester- oder Gemeindegesang *präludierend* vorzubereiten oder aus dem freien Spiel des Lautenisten während des Einstimmens der Saiten. Das Präludium weist keine festen formalen Kennzeichen auf. Primäre Aufgabe des Präludiums ist es, auf den Charakter des nachfolgenden Stückes vorzubereiten, die Tonart des nachfolgenden Stückes zu kennzeichnen sowie dem Interpreten die Möglichkeit zu geben, sich am Instrument *aufzuwärmen*.

Präludium Nr. 1
Das *Präludium Nr.1* bildet die Einleitung zum gesamten Zyklus des *Wohltemperierten Klaviers, Band 1,* einem umfassenden Lehrwerk zur Form der Fuge und des durch die gleichschwebendtemperierte Stimmung, um 1695 von Andreas Werckmeister entwickelt, neu erschlossenen Tonartenraumes. Durch die oben erwähnte temperierte Stimmung war es von nun an möglich, Stücke in allen 24 Tonarten (Dur/Moll) zu spielen. J.S. Bach schöpfte diese Möglichkeit aus und schrieb 1722 *{37}* erstmals im Zyklus des *Wohltemperierten Klaviers, Band 1,* je ein Präludium und eine Fuge, chromatisch angeordnet, in allen Dur- und Molltonarten. Der *2. Band* erschien 22 Jahre später im Jahr 1744 *{59}*. Das *Präludium Nr.1* repräsentiert den Typus des aus arpeggierten Akkorden einer erweiterten Kadenz gebildeten Vorspiels, wie er in der Barockmusik vorgegeben ist. Die Harmonie wechselt von Takt zu Takt und enthält Modulationen, Vorhalte und Chromatisierungen. Die Oberstimme der Akkorde ist als gegliederte, in gleiche Notenwerte unterteilte Melodie zu hören, die aber ohne thematische Gestalt und Ausdruckskraft bleibt. Daraus ergibt sich der neutrale Charakter des Stückes. Johann Sebastian Bach hatte dieses Präludium vor der Publikation im *Wohltemperierten Klavier* als Einzelwerk bereits im *Klavierbüchlein für Johann Friedemann Bach* und im *Notenbüchlein für Anna Magdalena Bach* aufgezeichnet.
Der französische Komponist Charles Gounod (1818-1893) nahm das Bach´sche *Präludium Nr.1* als Ausgangspunkt für sein berühmtes *Ave Maria*, indem er zum Präludium eine eigene Melodie komponierte. Diese Gounod´sche Fassung ist vor allem bei kirchlichen Trauungen als *Brautlied* direkt nach der Eheschließung sehr beliebt.

TB 08: Als Playback wurde eine Cembalofassung gewählt.

PRÄLUDIUM Nr. 1
aus dem Wohltemperierten Klavier Bd. 1, BWV 846

Notwendige Klangbausteine:				
c 17x,	d 4x,	e 4x,	f 6x,	fis 2x,
g 22x,	as 2x,	a 2x,	h 6x,	

TB 08

Musik: Johann Sebastian Bach
Arr.: Gerhard Wanker

4/4

1	2	3	4
. . . .	c . c .	h . h .	c . c .

zähle 1 2 3 4 usw.

5	6	7	8
c . c .	c . c .	h . h .	h . h .
9	**10**	**11**	**12**
a . a .	d . d .	g . g .	g . g .
13	**14**	**15**	**16**
f . f .	f . f .	e . e .	e . e .
17	**18**	**19**	**20**
d . d .	g . g .	c . c .	c . c .
21	**22**	**23**	**24**
f . f .	fis . fis .	as . as .	g . g .
25	**26**	**27**	**28**
g . g .	g . g .	g . g .	g . g .
29	**30**	**31**	**32**
g . g .	g . g .	g . g .	c . c .
33	**34** *ritardando*	**35**	
c . . .	c . . .	c . . . ‖	

S4432

PRAELUDIUM Nr.1

aus dem Wohltemperierten Klavier, BWV 846

Johann Sebastian Bach

S4432

Wilhelm Friedemann Bach: DER FRÜHLING

TB 09

Wilhelm Friedemann Bach

geb. 22.11.1710 in Weimar - gest. 1.7.1784 *{73}* in Berlin
Wilhelm Friedemann war der älteste Sohn Johann Sebastian Bachs aus erster Ehe mit Maria-Barbara. Mit neun Jahren erhielt er Klavierunterricht von seinem Vater, der ihm auch ein eigenes Klavierbüchlein, *Klavierbüchlein vor Wilhelm Friedemann Bach*, widmete und darüberhinaus einen Großteil des *Wohltemperierten Claviers* für ihn schrieb. In den Jahren 1726-27 *{16-17}* nahm Wilhelm Friedemann Violinunterricht bei Johann Gottlieb Graun. Neben Musik studierte er noch Mathematik, Philosophie und Rechtswissenschaften. Die Tätigkeit als Organist führte ihn nach Dresden (Sophienkirche) und Halle an der Saale (Liebfrauenkirche). Der Ehe mit Dorothea-Elisabeth entstammten zwei Söhne, die sehr früh verstarben und die Tochter Friederike-Sophie. Mit 60 Jahren verließ W.F. Bach Halle, lebte von nun an nur mehr von kurzzeitigen Anstellungen und vom Klavierunterricht, verweilte kurze Zeit in Braunschweig und Göttingen und starb im 74. Lebensjahr in Berlin einsam und vergessen.
W.F. Bach geriet mit seinen Vorstellungen von einer freien und ungebundenen künstlerischen Existenz immer wieder in Konflikt mit den starren Realitäten des bürgerlichen und kirchlichen Musiklebens seiner Zeit. Sein tragisches Scheitern als Mensch und Musiker mutet daher wie ein vorweggenommenes romantisches Künstlerschicksal an.
Zu den bedeutendsten Werken seines Schaffens zählen Klavier- und Orgelstücke, weiters Kammer- und Orchestermusik.

Der Frühling

Der Frühling ist eines seiner kleinen Stücke für Klavier. Es handelt sich dabei um eine dreiteilige Liedform (A-B-A), wobei der erste Teil dem letzten völlig gleicht.

Teil A: Dieser Teil steht in A-Dur, umfaßt 16 Takte, wobei die ersten acht Takte wiederholt werden.
Teil B: Besteht aus 16 Takten, jedoch in der Tonart a-moll.
Teil A: Wie oben, jedoch ohne Wiederholung der ersten acht Takte.

Harmonisch betrachtet beschränkt sich W.F.Bach mit dem *Frühling* großteils auf die I. und V. Stufe, gewürzt mit einigen kühnen Wendungen.

TB 09: Als Playback wurde eine Cembalofassung eingespielt. Auf der Tonkassette wurde im Hinblick auf die Unterrichtspraxis ein mittleres Tempo gewählt. Beim Gebrauch des Midi-Files auf Diskette kann das Tempo bei Bedarf erhöht werden.

DER FRÜHLING

TB 09

Musik: Wilhelm Friedemann Bach
Arr.: Bernhard Cronenberg/Gerhard Wanker

Notwendige Klangbausteine:					
c 11x /2/,	cis 20x /2/,	d 15x /1/2/,	e 50x /1/,	f 4x /1/,	fis 2x /1/,
g 5x /1/3/,	gis 15x /3/,	a 32x /3/,	b 2x /2/3/,	h 21x /2/3/,	

Baßstäbe:
C 3x, CIS 7x, D 6x, E 17x, F 1x, G 3x, A 19x, H 3x,

Allegro vivace

2/4

		1	2	3	4	5	6	7	8
	.	e . e .	e . . e	e e e e	e . e .	e . e .	e . . e	e e e e	e . e .
	.	cis . cis .	h . . h	cis cis d cis	cis . h .	cis . cis .	h . . h	cis cis d d	d . cis .
	.	a . a .	gis . . gis	a a h a	a . gis .	a . a .	gis . . gis	a a h h	h . a .
	.	A . CIS .	E . . D	CIS A E A	E . E .	A . CIS .	E . . D	CIS A E E	A . A .
zähle		1 + 2 +	od. 1 2 3 4						

9	10	11	12	13	14	15	16 (Fine)
. . . e	e . e .	. . . e	e . e .	e . e .	e . . e	e fis e e	e . . .
. . . cis	cis . h .	. . . d	d . cis .	cis . cis .	h . . h	cis d cis d	cis . . .
. . . a	a . gis .	. . . h	h . a .	a . a .	gis . . gis	a a a gis	a . . .
. . . CIS	E . E .	. . . E	A . A .	A . CIS.	E . . D	CIS D E E	A . . .

17	18	19	20	21	22	23	24
. . . .	e e e .	. . . .	e . . .	. . . .	e e e .	f . e .	e . . .
. . . .	c h c .	. . . .	h . . .	. . . .	c d c .	d . d .	c . . .
. . . .	a gis a .	. . . .	gis . . .	. . . .	a gis a .	b . gis .	a . . .
. . . .	A E A .	. . . .	E . . .	. . . .	C H A .	D . E .	A . . .

25	26	27	28	29	30	31	32
e . . .	f . . .	d . . .	e . . .	f e f .	g fis g .	e e e .	e . . .
cis . . .	d . . .	h . . .	c . . .	c b c .	d c d .	c h c .	h . . .
a . . .	a . . .	g . . .	g . . .	a g a .	h a h .	a gis a .	gis . . .
A . . .	D . . .	G . . .	C . . .	A G F .	H A G .	C H A .	E . . .

D.c. senza rep. al Fine

S4432

DER FRÜHLING

Allegro vivace

Wilhelm Friedmann Bach

S4432

S4432

W.A.Mozart: EINE KLEINE NACHTMUSIK, 1. Satz: Exposition

TB 10

W.A.Mozart
(siehe Seite 8)

Serenade
(it. sereno - heiter, unbewölkter Himmel, al sereno - im Freien, la sera - der Abend)
Zunächst war *Serenade* die Bezeichnung für eine formal und besetzungsmäßig nicht festgelegte Freiluftmusik zu einem bestimmten Anlaß, wobei zum Teil volkstümliche Zitate oder Anklänge den unterhaltenden Charakter unterstrichen. In Österreich und Böhmen, besonders aber in Salzburg und Wien, wurde in der zweiten Hälfte des 18. Jahrhunderts die Serenade zu einer Besonderheit gesellschaftsbezogener Musik für Adel und gehobenes Bürgertum.

Eine kleine Nachtmusik
Laut Eintragung in sein handschriftliches Verzeichnis vollendete Mozart das Werk - der Anlaß der Entstehung liegt völlig im Dunkeln (Serenaden waren vielfach Auftragskompositionen) - in Wien am 10.8. 1787 *{30}* im Entstehungsjahr des *Don Giovanni.* Sie gilt in der Anlage und Durchführung als klassische Serenade des 18. Jahrhunderts mit Elementen der Kammer- und Orchestermusik (Aufführungen auch mit Streichorchester und nicht nur in solistischer Besetzung). Ursprünglich hatte das Werk 5 Sätze. Der Eintrag aus Mozarts Verzeichnis lautet: *"Eine kleine Nachtmusik, bestehend in einem Allegro. Menuett und Trio. -Romanze. Menuett und Trio und Finale. - 2 violini, viola e bassi"*. Heute hat das Werk 4 Sätze (das erste Menuett ist verschollen): Allegro - Romanze - Menuett - Rondo.
Besetzung: 2 Violinen, Viola, Violoncello und Kontrabaß.

1. Satz
Der erste Satz ist in Sonatensatzform geschrieben: Exposition - Durchführung - Reprise - Coda.

1. Satz: Exposition (Takt 1 -55)
Gliederung:
- Hauptsatz und Modulation (T. 1 - 27)
- Seitensatz (T. 28 - 35)
- Schlußgruppe (T. 35 - 55)

Das fanfarenartige Anfangsthema, gepaart mit den raschen Sechzehnteltremolos, erinnert stark an den Typus der *neapolitanischen Ouvertüre.* Der Seitensatz zeigt sich, völlig nach den klassischen Bauprinzipien, gegenüber dem Hauptsatz dynamisch kontrastiert und in der Anlage schlank und vornehm.

TB 10: Als Playback wurde eine Klavierfassung gewählt. Aufnahme auf Kassette: Mozart Festival Orchestra, Alexander von Pitamic. AmCo Tonträger Vertriebs GmbH, D-4005 Meerbusch 3, DDD, 506.2146-2

EINE KLEINE NACHTMUSIK KV 525

1. Satz: Exposition

Notwendige Klangbausteine:
c 9x/1/2/, cis 14x/1/, d 55x/1/, e 11x/1/3/,
fis 28x/3/, g 40x/2/3/, a 60x/1/2/3/, h 25x/1/2/3/,
Baßstäbe:
C 2x, D 26x, E 4x, G 24x, A 21x, H 3x,

TB 10

Musik: Wolfgang Amadeus Mozart
Arr.: Gerhard Wanker

Allegro 4/4

	1	2	3	4
	. . . .	. . . .	. . . .	. . . .
	. . . .	. . . .	. . . .	. . . .
	. . . .	. . . .	. . . .	. . . .
	. . . .	. . . .	. . . .	. . . .
	. . . .	. . . .	. . . .	. . . .
zähle	1 2 3 4 usw.			

5	6	7	8	9
d . d .	d . d .	d . d .	d . d .	d d d d
h . h .	c . c .	h . h .	c . c .	h c h c
g . g .	a . a .	g . g .	a . a .	g a g a
G . G .	G . G .	G . G .	G . G .	G A H D

10	11	12	13	14
d d d .	. . . .	d . h .	a . d .	d d d .
h c h .	. . . .	a . g .	g . a .	h a h .
g a g .	. . . .	fis . e .	e . fis .	g fis g .
G A H .	. . . .	D . E .	C . D .	H D G .

15	16	17	18	19
. . . .	d . e .	a . d .	d . d .	d . d .
. . . .	a . g .	g . a .	h . h .	h . h .
. . . .	fis . h .	e . fis .	g . g .	g . g .
. . . .	D . E .	C . D .	G . G .	G . G .

20	21	22	23	24
d . c c	d d d cis	d . cis.	d . cis.	d . . .
h . g a	h a h a	a . a .	a . a .	a . . .
g . e fis	g fis g g	fis . g .	fis . g .	fis . . .
G . G G	G D G A	D . D .	D . D .	D . . .

25	26	27
d . . .	cis d cis d	cis. . .
h . . .	a a a a	a a a .
g . . .	e fis e fis	e . . .
G . . .	A A A A	A A A .

28	29	30	31	32
. . . .	. . . .	. . . .	. . . .	. . . .
. . . .	. . . .	. . . .	. . . .	. . a a
. . . .	. . . .	. . . .	. . . .	. . . .
. . . .	. . . .	. . . .	. . . .	. . . .

33	34	35	36	37
. . . .	. . . .	d . . .	cis. . .	d . . .
a . a a	. . a .	a . . .	a . . .	a . . .
. . . .	. . . .	fis . . .	g . . .	fis . . .
. . . .	. . . .	D . . .	A . . .	D . . .

38	39	40	41	42
cis. . .	d . . .	h . a .	d . d .	d . cis.
a . . .	a . . .	g . g .	a . h .	a . a .
g . . .	fis . . .	e . e .	fis . g .	fis . g .
A . . .	D . . .	E . A .	D . G .	A . A .

43	44	45	46	47
d . . .	cis. . .	d . . .	cis. . .	d . . .
a . . .	a . . .	a . . .	a . . .	a . . .
fis . . .	g . . .	fis . . .	g . . .	fis . . .
D . . .	A . . .	D . . .	A . . .	D . . .

48	49	50	51	52
h . cis.	d . d .	d . cis.	d . . .	d . . .
g . a .	a . h .	a . a .	a . . .	a . . .
e . g .	fis . g .	fis . g .	fis . . .	fis . . .
E . A .	D . G .	A . A .	D . . .	D . . .

53	54	55
d . . .	d . cis.	d d d .
a . . .	h . a .	a a a .
fis . . .	g . g .	fis fis fis .
D . . .	G . A .	D D D .

Wolfgang Amadeus Mozart: EINE KLEINE NACHTMUSIK, 3. Satz

TB 11

W.A.Mozart
(siehe Seite 8)

Menuett
Das Menuett (frz. menu pas = kleiner, zierlicher Schritt oder frz. amener = herbeiführen), ist ein Tanz französischer Herkunft im ruhigen Dreivierteltakt. Ursprünglich war das Menuett ein Volkstanz, wurde aber zur Zeit der Herrschaft Ludwig XIV. (um 1650) in Frankreich zum adeligen Gesellschaftstanz bei Hof. Der französische Komponist Jean Baptiste Lully (1632-1687) nahm sich in besonderem Maß des Menuetts an, das sich bald in ganz Europa verbreitete und zum beliebtesten Gesellschaftstanz aristokratischer und großbürgerlicher Kreise wurde. Erst gegen Ende des 18. Jahrhunderts, vor allem aber im 19. Jahrhundert, wurde das Menuett vom Walzer abgelöst. Charakteristisch für das Menuett ist die Dreiteiligkeit mit ihrer reprisenförmigen Anlage und dem kontrastierenden Trio als Mittelteil. Trio heißt dieser Mittelteil deshalb, da er häufig für 3 Instrumente (meist: 2 Oboen und 1 Fagott) gesetzt wurde. Seit der Mitte des 18. Jahrhunderts wurde das Menuett fester Bestandteil zyklischer Formen wie Sonate, Suite und Sinfonie.

3. Satz:
Der 3. Satz zeigt die typische Dreiteiligkeit des Menuetts: Menuett - Trio - Menuett (ohne Wiederholungen).

Formaler Aufbau:
- *Menuett*: a - a´- b - a Takte (4+4+4+4)
- *Trio*: c - d - c Takte (8+4+8)
- *Menuett*: a - a´- b - a Takte (4+4+4+4) ohne Wiederholung

Hinweis:

Der beiliegende Satz in absoluter Notation ist sowohl mit Stabspielen und Klangbausteinen als auch mit anderen Instrumenten (Blockflöten, Querflöten, Violinen, Gitarren, Keyboards etc.) ausführbar, wobei jedoch die Noten wie notiert gespielt werden sollten.

TB 11: Als Playback wurde eine Cembalofassung gewählt. Aufnahme auf Kassette: Mozart Festival Orchestra, Alexander von Pitamic. AmCo Tonträger Vertriebs GmbH, D-4005 Meerbusch 3, DDD, 506.2146-2

EINE KLEINE NACHTMUSIK KV 525, 3. Satz

TB 11

Notwendige Klangbausteine:
cis 8x /3/, d 21x /3/, e 16x /2/3/, fis 13x /2/,
g 18x /1/2/3/, gis 1x /1/, a 17x /1/, h 14x /1/,
Baßstäbe:
C 2x, D 19x, E 4x, G 9x, A 12x, H 4x,

Musik: Wolfgang Amadeus Mozart
Arr.: Gerhard Wanker

Menuetto

3/4

	1			2			3			4		
.	h	.	.	.	.	.	h	.	.	.	.	.
.	g	.	.	.	.	.	g	.	.	.	.	.
.	d	.	.	.	.	.	d	.	.	.	.	.
.	G	.	.	.	.	.	G	.	.	.	.	.

5			6			7			8		
h	.	.	.	.	h	.	a	a	h	.	.
g	.	.	.	.	g	.	g	fis	g	.	.
d	.	.	.	.	d	.	e	d	d	.	.
G	.	.	.	.	G	.	C	D	G	.	.

9			10			11			12		
.	.	.	.	.	.	.	.	.	.	.	.
.	.	.	.	.	.	.	.	.	.	.	.
.	.	.	.	.	.	.	.	.	.	.	.
.	.	.	.	.	.	.	.	.	.	.	.

13			14			15			16 (Fine)		
h	.	.	.	.	.	h	a	a	h	.	.
g	.	.	.	.	.	g	g	fis	g	.	.
d	.	.	.	.	.	e	e	d	d	.	.
G	.	.	.	.	.	E	C	D	G	.	.

Trio

17			18			19			20		
a	.	.	a	.	.	g	.	.	g	.	.
fis	.	.	fis	.	.	e	.	.	e	.	.
d	.	.	d	.	.	cis	.	.	cis	.	.
D	D	.	D	D	.	A	A	.	A	A	.

21			22			23			24		
a	.	.	h	.	.	h	h	a	a	.	.
fis	.	.	fis	.	.	g	g	e	fis	.	.
d	.	.	d	.	.	e	e	cis	d	.	.
D	D	.	H	H	.	G	E	A	D	D	.

25			26			27			28		
a	.	.	a	.	.	gis	.	.	a	.	.
e	.	.	fis	.	.	e	.	.	e	.	.
cis	.	.	d	.	.	d	.	.	cis	.	.
A	.	.	D	.	.	E	.	.	A	.	.

29			30			31			32		
a	.	.	a	.	.	g	.	.	g	.	.
fis	.	.	fis	.	.	e	.	.	e	.	.
d	.	.	d	.	.	cis	.	.	cis	.	.
D	D	.	D	D	.	A	A	.	A	A	.

33			34			35			36		
a	.	.	h	.	.	h	h	a	a	.	.
fis	.	.	fis	.	.	e	e	e	fis	.	.
d	.	.	d	.	.	g	g	cis	d	.	.
D	D	.	H	H	.	G	E	A	D	D	.

EINE KLEINE NACHTMUSIK KV 525, 3.Satz

Menuetto

Wolfgang Amadeus Mozart

S4432

Trio

Menuetto da capo

S4432

Ludwig van Beethoven: KLAVIERSONATE OP. 13 (Pathétique), 2. Satz TB 12

Ludwig van Beethoven

geb. 17.12.1770 in Bonn - gest. 26.3.1827 *{56}* in Wien

Ludwig van Beethoven stammte aus einer musikalischen Familie, sein Vater Johann war Tenor an der kurfürstlichen Kapelle in Bonn. Die Erfolge des Wunderkindes Mozart bewogen den Vater, mit Ludwig Ähnliches zu versuchen. Bereits 1778 *{8}* ließ er Ludwig auftreten und gab ihn dabei um zwei Jahre jünger aus. Der väterliche Unterricht war jedoch nicht von Erfolg gekrönt, sodaß Ludwig erst vom Hoforganisten J.G. Neefe gründliche musikalische Unterweisungen im Klavierspiel und in Musiktheorie erhielt. Im Jahr 1787 *{17}* war Beethoven für kurze Zeit Schüler von W.A. Mozart in Wien. Im Jahr 1792 *{22}* zog Beethoven endgültig nach Wien und erhielt auch kurz Unterricht bei Joseph Haydn. Komposition studierte er bei so namhaften Lehrern wie Salieri, Schenk und Albrechtsberger. Seit seinem 24. Lebensjahr war Beethoven völlig auf sich alleine gestellt und lebte vom Unterrichten, von Konzerten und von seinen Kompositionen, die Gönner und Verleger gut bezahlten. Bereits mit 25 Jahren zeichnete sich ein schweres Gehörleiden ab, mit 38 Jahren war Beethoven schwerhörig und mit ca. 49 Jahren absolut taub. Dieser Schicksalschlag, der ihn dazu zwang, alle öffentlichen Auftritte als Pianist und Dirigent abzusagen, veranlaßte ihn auch, sich vom gesellschaftlichen Leben zurückzuziehen. Seine Schaffenskraft als Komponist konnte dieses physische Leiden jedoch nicht beeinträchtigen.
Bedeutung erlangte Beethoven im besonderen Maße als Schöpfer zahlloser Klaviersonaten, Klaviertrios, Streichtrios, Streichquartette, weiters als Sinfoniker und durch seine fünf Klavierkonzerte. Bedeutend sind auch die *Missa solemnis* und die Oper *Fidelio*.

Klaviersonate op. 13 (Pathétique)

Die Klaviersonate entstand in den Jahren 1797/98 *{27/28}* und ist dem Fürsten Karl von Lichnowsky, einem Gönner Beethovens, gewidmet. Sie erhielt ihren Namen vor allem wegen ihres Kopfsatzes mit der langsamen Einleitung, die in ihren punktierten Rhythmen dem Typ der französischen Ouvertüre nahesteht und Ausdruck für Pathos und Würde ist. Musikwissenschaftler sehen in dieser Sonate die Erschütterung Beethovens über seine beginnende Taubheit. Typisch für die klassische Klaviersonate ist die Satzfolge schnell (allerdings mit langsamer Einleitung) - langsam - schnell.

2. Satz

Dem aufwühlenden, affektgeladenen ersten Satz der Sonate steht der langsame zweite Satz gegenüber. Der Satz scheint, obwohl für Klavier geschrieben, durchaus orchestral gedacht. Er beginnt in einer Lage, die dem Cello nachempfunden ist, gefolgt von klarinetten- bzw. oboenhaften Klängen. Das Neue und Bedeutende dieses Satzes in der Entwicklung der Klaviersonate liegt in seiner einfachen und schlichten, aber dennoch ergreifenden Melodie. Die Begleitfiguren steigern sich im Verlauf des Satzes von bewegten Sechzehntel zu Sechzehnteltriolen, bleiben dennoch nur Begleitung, da die Melodie zentraler Punkt ist. Der Satz is rondoartig angelegt: A - A - B - A - C - A - A - Coda

Beim Mitspielen ist besonders auf die Agogik zu achten!

KLAVIERSONATE op. 13 (PATHÉTIQUE) 2. Satz

TB 12

Musik: Ludwig van Beethoven
Arr.: Gerhard Wanker

Notwendige Klangbausteine:
c 11x, cis/des 11x, d 3x, es 20x, e 5x, f 11x,
g 8x, gis/as 26x, a 2x, b 10x, h 5x,

Adagio cantabile — Beginne zum Playback erst bei der Wiederholung zu spielen!

Teil A (2/4)

1	2	3	4	5	6	7	8
: as . des .	c . g .	as g f f	es . es .	des . des .	c . f .	b . es .	as . as . :

zähle 1 + 2 + od. 1 2 3 4

Teil B

9	10	11	12	13	14
. c c c	e e f f	g g as as	b b h h	c c as as	b . . .

15	16	17	18	19	20
. . . .	b . . .	es . . .	b . b .	es . . .	es . . .

Teil A

21	22	23	24	25	26	27	28
as . des .	c . g .	as g f f	es . es .	des . des .	c . f .	b . es .	as . as .

Teil C

29	30	31	32	33	34	35	36
as . . .	b . . .	as . . .	es . . .	as . . .	a a gis gis	cis cis h h	e . . .

37	38	39	40	41	42
e . . .	h . . .	e . . .	d . . .	d . d .	es . es .

Teil A

43	44	45	46	47	48	49	50
: as . des .	c . g .	as g f f	es . es .	des . des .	c . f .	b . es .	as . . . :

Coda

51	52	53	54	55	56	57
es . . .	as . . .	es . . .	as . es .	as . es .	as . es .	as . as .

KLAVIERSONATE op. 13 (Pathétique), 2. Satz

Adagio cantabile

Ludwig van Beethoven

S4432

p
cresc.
cresc.
p
pp
p
pp
cresc.
sf
sf

43
sf
44
fp
decresc.
45
46
47
48
49
50
cresc.
51
p
52
sim.
53
54
55
56
57

S4432

pp
rinf.
rinf.
rinf.
pp
pp

Franz Schubert: MOMENT MUSICAL op. 94, Nr. 3

TB 13

Franz Schubert

geb. 31.1.1797 in Lichtenthal bei Wien - gest. 19.11.1828*{31}* in Wien
Die musikalische Grundausbildung erhielt Schubert durch seinen Vater, einen Volksschullehrer in Wien. Mit acht Jahren nahm er Unterricht in Klavier, Violine und Gesang beim Chormeister Michael Holzer, war Chorknabe und wurde in weiterer Folge vom Hoforganisten Wenzel Ruzička und von Antonio Salieri in Kontrapunkt unterrichtet. Ein Jahr lang besuchte er die Lehrerbildungsanstalt St. Anna und war Hilfslehrer an der Schule seines Vaters. In dieser Zeit komponierte er bereits Lieder, Messen, kammermusikalische Werke und Sinfonien.
Bestimmend für Schuberts Welt war ein Freundeskreis aus Dichtern, Künstlern und Sängern, dem unter anderem der Dichter Franz Grillparzer, der Maler Moritz von Schwind, der Komponist Anselm Hüttenbrenner, der Sänger Franz von Schober und andere Vertreter des Beamtentums angehörten. Bei Leseabenden und den sogenannten *Schubertiaden* wurden Werke dieser obengenannten Künstler dem Publikum präsentiert.
Zur heiklen Frage, ob Kunst bzw. Künstler vom Staat subventioniert werden sollten oder nicht, nimmt Franz Schubert wie folgt Stellung: *"Mich soll der Staat erhalten, ich bin für nichts als das Komponieren auf die Welt gekommen".*
Schuberts Werke umfassen alle Gattungen. Besondere Bedeutung erlangte er aber als Liedkomponist (über 600 Lieder, Liederzyklen: *Die schöne Müllerin* (1823 *{26}*), *Winterreise* (1827 *{30}*), *Schwanengesang* (1828 *{31}*)), Sinfoniker (8 Sinfonien) und Schöpfer von Streichquartetten und -quintetten sowie Klavierwerken (21 Sonaten, vierhändige Werke, Walzer, Moments musicaux, Impromptus etc.).

Moments musicaux

Moments musicaux sind Sammlungen verschiedener Klavierwerke mit verschiedenen Stimmungsgehalten, die Impressionen und Augenblickseingebungen wiedergeben. Die Gattung geht auf Ludwig van Beethoven zurück, findet allerdings erst in der Romantik ihren Höhepunkt. Schubert verwendete den Ausdruck *Moment musical* selbst nie, vielmehr war es der Verlag Sauer&Leidesdorf, der diesen Ausdruck prägte (Original: *Momens musicals*).

Moment musical op.94, Nr.3

Das Stück wurde 1823 *{26}*, als Schubert sich von einem venerischen Leiden erholte, geschrieben und bereits im *Album musical* als *Air russe in f-moll für Pianoforte* publiziert. Das *Moment musical op.94, Nr.3* besticht durch seine kunstvolle Coda (ab Takt 35). In der Melodiebildung fällt die graziöse Rhythmisierung, gepaart mit zierlichen Vorschlägen ins Auge. Die Begleitung zeigt das gesamte Stück hindurch springende Staccatobässe, gleich einem Perpetuum mobile. Schubert unterstreicht Spannungen und Höhepunkte in der Melodie durch überraschende Harmoniewechsel und kreiert Übergänge von Dur zu Moll ohne jegliche Modulation. Der Klaviersatz erweist sich als technisch anspruchsvoll, mit einigen zu lösenden Problemen in Fragen der Interpretation.

MOMENT MUSICAL op. 94, Nr. 3

Notwendige Klangbausteine:
c 22x, des 5x, es 4x, e 8x, f 37x, as 15x, a 1x, b 7x, h 4x,

TB 13

Musik: Franz Schubert
Arr.: Gerhard Wanker

Allegro moderato

2/4 | [1] . . . . | [2] . . . . |
zähle 1 + 2 + od. 1 2 3 4

|: [3] f . f . | [4] f . f . | [5] f . f . | [6] f . f . | [7] des . c . | [8] b . f . | [9] c . c . | [10] f . f . :|

|: [11] as . as . | [12] as . as . | [13] as . as . | [14] as . as . | [15] as . as . | [16] des . des . | [17] es . es . | [18] as . as . :|

|: [19] c . c . | [20] c . c . | [21] c . c . | [22] c . c . | [23] as . a . | [24] b . des . | [25] es . es . | [26] as . as . :|

| [27] f . f . | [28] f . f . | [29] f . f . | [30] f . f . | [31] des . c . | [32] b . f . | [33] c . c . | [34] f . f . |

| [35] b . b . | [36] h . h . | [37] c . c . | [38] f . f . | [39] b . b . | [40] h . h . | [41] c . c . | [42] c . c . |

| [43] c . c . | [44] f . f . | [45] f . f . | [46] e . e . | [47] e . e . | [48] f . f . | [49] f . f . | [50] e . e . |

| [51] e . e . | [52] f . f . | [53] f . f . | [54] f . . . ||

S4432

MOMENT MUSICAL op. 94, Nr. 3

Allegro moderato

Franz Schubert

S4432

27
pp
28
29
30
31
32
33
34
35
36
37
38
39
ppp
40
41
dim.
42
43
44
45
dim.
46
47
48
49
50
51
52
53
54

S4432

Robert Schumann: KNECHT RUPRECHT,
aus: Album für die Jugend op.68

TB 14

Robert Schumann

geb. 8.6.1810 in Zwickau (Sachsen) - gest. 29.7.1856 *{46}* in einer Heilanstalt in Endenich
Das ursprünglich auf Drängen seiner Mutter gewählte Studium der Rechtswissenschaften brach Schumann ab, als er den Klavierpädagogen Friedrich Wieck (1785-1873) kennenlernte. Von nun an wandte er sich dem Klavierstudium und dem Komponieren zu und war Schüler von Friedrich Wieck. Schumann arbeitete mit erbittertem Eifer. Besessen vom Vorbild großer Virtuosen seiner Zeit, wie z.B. Paganini und auch ungeduldig, ein großer Künstler zu werden, schädigte er den dritten Finger seiner rechten Hand dadurch, daß er ihn beim Klavierüben festband, um den vierten Finger zu stärken. Die Tochter Friedrich Wiecks, Clara, eine begnadete Pianistin, konnte er nur über gerichtliche Entscheidungen ehelichen, da der Vater, Friedrich Wieck, zutiefst gegen diese Verbindung war. Nicht ohne Neid mußte er feststellen, daß die berühmt gewordene Clara ihn als Pianistin in den Schatten stellte. Immer wieder befielen Schumann, nicht zuletzt aufgrund beruflicher Rückschläge, tiefste Niedergeschlagenheit und qualvolle Ängste - er glaubte, den Verstand zu verlieren. Neben blühenden Schaffensperioden traten nervöse Störungen, Sprachschwierigkeiten und Gehörshalluzinationen immer häufiger auf. Durch ein dauerndes Schuldgefühl verfolgt, stürzte er sich unter dem Eindruck von Halluzinationen 1854 *{44}* in den Rhein und wurde fortan als Wahnsinniger in einer Nervenheilanstalt bei Endenich, wo er auch zwei Jahre später starb, behandelt.
Große Bedeutung erlangte Schumann als Liedkomponist:
Liederkreis op.24 (1840 *{30}*, Text: H. Heine), *Myrthen op.25* (1840 *{30}*, Text: J.W.v. Goethe, H. Heine, F. Rückert u.a.), *Liederkreis op.39* (1842 *{32}*, Text: J. von Eichendorff), *Frauenliebe und -leben op.42* (1843 *{33}*, Text: A. von Chamisso), *Dichterliebe op.48* (1844 *{44}*, Text: H. Heine).
Darüberhinaus werden seine 4 Sinfonien und seine zahllosen Klavierwerke sowie die zwei Solokonzerte (Konzert für Klavier in a-moll, (1841-45 *{31-35}*); Konzert für Violoncello in a-moll, (1850 *{40}*)) in allen Konzertsälen der Welt häufig gespielt.

Album für die Jugend op. 68

Schumanns *Album für die Jugend op. 68* ist eine Sammlung von 43 im Schwierigkeitsgrad anstei-genden Klavierstücken und im Gegensatz zu den *Kinderszenen op. 15* für Kinder bestimmt. *Das Album für die Jugend* entstand 1848 *{38}* zwischen zwei Großwerken (*Genoveva/Manfred-Ouvertüre*) als Geburtstagsgeschenk für seine Tochter Marie. Die einzelnen Stücke des Albums waren ihm sehr ans Herz gewachsen: *"Ich wüßte nicht, wann ich mich je in so guter musikalischer Laune befunden hätte... es strömte mir ordentlich zu ..."* Wie sein zwischen 1846 *{36}* und 1849 *{39}* geführtes *Erinnerungsbüchlein für unsere Kinder*, zeugt auch das *Album für die Jugend*, in dem er wichtige Begebenheiten aus dem Leben eines Kindes musikalisch festgehalten hat, von der tiefen Einsicht Schumanns in die Psyche des Kindes. Das Skizzenbuch zum Album wurde 1924 als Faksimiledruck veröffentlicht. Es enthält verschiedene Skizzen und Notizen, die später nicht in den Druck aufgenommen wurden. Ursprünglich sollten auch kleinere Stücke anderer berühmter Komponisten eingeflochten werden, der zunächst gewählte Titel *Weihnachtsalbum* wurde ebenfalls fallengelassen. *Knecht Ruprecht* ist Stück Nr. 12 aus der ersten Abteilung *Für Kleinere*. Die Komposition ist eine romantische Klavier-Miniatur in dreiteiliger Liedform.

Formaler Aufbau:

A	B	A
a b a´	c d c´	a b a´
bestehend aus 2 Sequenzen 1. Schluß auf Subdominante 2. Schluß auf Dominante	verwendetes Material aus Teil a (Mediantverwandschaft)	

KNECHT RUPRECHT aus op. 68

Notwendige Klangbausteine:
c 18x /1/, cis/des 6x /1/2/, d 5x /1/2/, dis/es 4x /2/3/, e 21x /2/3/, f 20x /2/3/,
fis 2x /2/, g 16x /2/, gis/as 13x /1/2/, a 19x /1/2/, b 7x /1/2/, h 15x /1/,

TB 14

Musik: Robert Schumann
Arr.: Gerhard Wanker

Munter

Teil A 2/4

zähle: 1 + 2 + od. 1 2 3 4

1	2	3	4	5	6	7	8
. . . .	. . . .	. . . .	h h c .	. . . .	. . . .	. . . .	h h c .
. . . .	. . . .	. . . .	gis gis a .	. . . .	. . . .	. . . .	gis gis a .
. . . .	. . . .	. . . .	e e e .	. . . .	. . . .	. . . .	e e e .

9	10	11	12	13	14	15	16
. . . .	. . . .	. . . .	a a a .	. . . .	. . . .	. . . .	h h h .
. . . .	. . . .	. . . .	cis cis d .	. . . .	. . . .	. . . .	fis fis gis .
. . . .	. . . .	. . . .	e e f .	. . . .	. . . .	. . . .	dis dis e .

17	18	19	20	21	22	23	24 (Fine)
. . . .	. . . .	. . . .	h h c cis	d . . .	. . . .	. . . .	h h c .
. . . .	. . . .	. . . .	gis gis a g	a . . .	. . . .	. . . .	gis gis a .
. . . .	. . . .	. . . .	e e e e	f . . .	. . . .	. . . .	e e e .

Teil B

25	26	27	28	29	30	31	32
a . . c	a . . c	a . . c	a . . h	c . . h	c . . h	c . . h	c . . .
f . . g	f . . g	f . . g	f . . g	e . . g	e . . g	e . . g	e . . .

33	34	35	36	37	38	39	40
b . b .	b . b .	as . as .	as . as .	des . . c	des . . c	des . . .	c . . .
g . g .	g . g .	f . f .	f . f .	f . . es	f . . es	f . . .	g . . .

41	42	43	44	45	46	47	48
a . . c	a . . c	a . . c	a . . .	d . . c	d . . .	a . d .	b . a .
f . . g	f . . g	f . . g	f . . .	b . . a	b . . .	f . f .	e . f .

D.c. senza rep. al Fine

KNECHT RUPRECHT aus op. 68

Notwendige Klangbausteine:

c 18x	cis/des 6x	d 5x	dis/es 4x	e 21x	f 20x
fis 2x	g 16x	gis/as 13x	a 19x	b 7x	h 15x

TB 14

Musik: Robert Schumann
Arr.: Gerhard Wanker

Teil A

Teil B

S4432

KNECHT RUPRECHT aus op. 68

Robert Schumann

Lebhaft ♩= 126

S4432

S4432

Frédéric Chopin: PRÄLUDIUM op. 28, Nr.4

TB 15

Frédéric Chopin
geb. 1.3.1810 in Zelazowa-Wola bei Warschau - gest. 17.10.1849 *{39}* in Paris
Frédérics Vater, Nicolas Chopin, ein gebürtiger Franzose, war Lehrer. Seine Mutter war Polin. Im Jahre 1818 *{8}* trat Frédéric Chopin das erste Mal öffentlich als Pianist auf und galt bereits als Wunderkind. Im Jahr 1830 *{20}* unternahm er eine erfolgreiche Kunstreise nach Wien, wo er auch längere Zeit blieb, nicht zuletzt wegen der Revolutionswirren in Polen. Im Jahre 1831 reiste er über München und Stuttgart nach Paris, wo er sich fortan niederließ und Freundschaft mit den Komponisten Franz Liszt, Hector Berlioz und Felix Mendelssohn-Bartholdy schloß. Seine spätere Lebensgefährtin, die französische Schriftstellerin George Sand, lernte er ebenfalls in Paris kennen. Bereits mit 26 Jahren verschlechterte sich Chopin´s seit jeher labiler Gesundheitszustand dramatisch. Auf der Insel Mallorca sollte er sich von seinem Lungenleiden erholen, doch trat genau das Gegenteil ein. Im Jahre 1847 *{37}* führten familiäre Spannungen zum Bruch mit George Sand. Dieses Ereignis hatte auch Auswirkungen auf seinen allgemeinen Zustand: Melancholische Anwandlungen, gepaart mit physischer Schwäche aufgrund einer anstrengenden Konzertreise nach England und Schottland verschlimmerten seinen Zustand derart, daß er Ende November 1848 *{38}* völlig erschöpft aus England zurückkehrte. Knapp ein Jahr danach verstarb Chopin in Paris.
Chopins gesamtes Schaffen konzentriert sich auf das Klavier. Bedeutung erlangten dabei vor allem die 2 Klavierkonzerte, 3 Klaviersonaten, Variationen, Walzer, Scherzi, Impromptus, Polonaisen, Mazurken, Nocturnes, Balladen, Präludien und Etüden.

Präludium op. 28, Nr.4
Das *e-moll Präludium* ist das vierte von insgesamt 24 Präludien. Diese wurden zum größten Teil im Winter 1838/39 *{28/29}* auf Mallorca geschrieben. Mit seinen Präludien schuf Chopin einen romantischen Ebenpart zu J.S. Bachs *Wohltemperiertem Klavier*. Die Präludien stehen ebenso wie bei Bach in den 24 möglichen Dur- und Molltonarten. Die Stücke sind im Quintenzirkel angeordnet, wobei jeder Dur-Tonart die parallele Moll-Tonart folgt (C-Dur - a-moll, G-Dur - e-moll ...).
Die sehnsüchtige Melodie entwickelt sich über chromatisch absteigenden Ketten von Sext- und Septakkorden und erinnert in Empfindung, Klang und Färbung an Richard Wagners Melodien in *Tristan und Isolde*. Die Form ist zweiteilig (12 und 13 Takte), jeder Teil ist als Verkürzung 16- und 24-taktiger Phrasen aufzufassen. Die Baßlinie ist in jedem Teil absteigend und erreicht im zweiten Teil im Takt 17 ihren absoluten Tiefpunkt. Dadurch wird die Melodie, die gerade in diesem Takt ihren Höhepunkt erreicht, unterstützt und verstärkt. Um durch die Verkürzungen das Formgefühl nicht zu verlieren, setzt Chopin am Schluß zwei Fermaten.

Beim Mitspielen ist besonders auf die Agogik zu achten!

PRÄLUDIUM op. 28, Nr. 4

Notwendige Klangbausteine:

c 20x /1/. cis 2x /1/. d 9x /1/3/. dis/es 12x /3/. e 38x /3/.
f 6x /1/2/. fis 11x /1/2/3/. g 16x /2/. gis 4x /2/.
a 23x /2/. b 3x /2/3/. h 29x /1/.

TB 15

Musik: Frédéric Chopin
Arr.: Gerhard Wanker

Largo

¢

	1	2	3	4
.	h . h .	fis. fis.	f . f .	d . d .
.	g . g .	a . a .	a . a .	gis. g
.	e . e .	e . es .	es . d .	e . e .

zähle 1 2 3 4 usw.

5	6	7	8
c . c .	c . c .	c . c .	c . h .
g . fis .	fis . fis .	fis . fis .	f . f .
e . e .	e . dis .	d . d .	d . d .

9	10	11	12
h . c .	h h h .	h h c .	h . . .
. . a .	a a a .	a a a .	a . . .
e . e .	e dis e .	dis dis e .	dis . . .

13	14	15	16
h . h .	fis . f .	f . d .	d cis cis c
g . g .	a . a .	gis . gis .	g g b a
e . e .	e . dis .	dis . e .	e e e e

17	18	19	20
h c h h	c . h c	h h c c	h h h h
. a g g	a . . a	. . a a	. . . a
. fis . e	e . e e	e e e e	e e dis dis

21	22	23	24	25
c c c c	h h h h	c . . .	h . h .	h . . .
g g b a	a gis g g	g . . .	fis . fis .	g . . .
. . . e	e e e e	b . . .	e . dis .	e . . .

S4432

PRALUDIUM op. 28, Nr. 4

Frédéric Chopin

S4432

Thomas Waller/Harry Brooks: AIN´T MISBEHAVIN´

TB 16a
TB 16b

Thomas Wright Waller

geb. 21.5.1904 in Harlem, New York - gest. 15.12.1943 *{39}* in Kansas City (in einem Zugsabteil)
Thomas Wright Waller, genannt auch *Fats* Waller, war Sohn eines Geistlichen (Baptisten-Prediger) und erhielt eine klassische musikalische Ausbildung, um ebenfalls Priester zu werden. Er entschied sich jedoch anders und war ab seinem 15. Lebensjahr Berufsmusiker. Er nahm Klavierunterricht bei James P. Johnson, einem berühmten Ragtime-Pianisten, der den *Harlem* - oder *Stride style* begründete. Fats Waller spielte in zahlreichen New Yorker Lokalen, Cabarets und auf sogenannten *rent parties* (private Parties, auf denen Musiker versuchten, ihre Miete (*rent*) zusammenzukratzen). Er unternahm in den Jahren 1937/38 *{33/34}* als Pianist eine Europatournee und wirkte regelmäßig bei diversen Radiosendungen und Filmen (*King of Burlesque*, *Stormy Weather*) mit.
Fats Waller gilt in der Jazzszene als einer der besten Ragtime- und Stride-Pianisten mit der "*stärksten linken Hand der Jazzgeschichte*". Kompositorisch hat sich Waller in so wunderbaren Jazzstandards wie *Honeysuckle Rose*, *Alligator Crawl* , *This joint is jumpin´* und *Ain´t misbehavin´* verewigt. Zu seinem Komponiertempo meinte etwa Coleman Hawkins: "*Waller konnte so schnell Stücke schreiben wie Klavierspielen* ". Fats Waller unterrichtete unter anderem Count Basie und Art Tatum und beeinflußte nachhaltig Pianisten wie Erroll Garner und Joe Sullivan. Beim Publikum war Fats Waller oft leider weniger wegen seines Klavierspiels als vielmehr wegen seiner clownesken Art beliebt. Louis Armstromng dazu: "*Wenn man seinen Namen erwähnt, kann man sofort ein Lächeln auf allen Gesichtern sehen*". Fats Waller war ein begeisterter Fan der klassischen Musik und hier wiederum besonders der Orgel. Es war ihm ein persönliches Anliegen, die Liebe zu diesem Instrument dem Publikum mitzuteilen.

Ain´t misbehavin´

Das Stück wurde im Jahr 1929 *{25}* für *Connies Hot Chocolates*, eine Broadway Revue, für deren Musik Waller verantwortlich zeichnete, geschrieben (Text: Andy Razaf). Louis Armstrong hatte noch im selben Jahr damit seinen großen Durchbruch und wurde für das oben erwähnte Stück an den Broadway verpflichtet. 15 Jahre später sang Louis Armstrong den Titel noch einmal im Film *Atlantic City*.
Der Titel heißt zu Deutsch in etwa: Ich benehme mich (nicht schlecht). Der Text sagt, grob umrissen, folgendes aus: "*Ich gehe nicht aus, sitze allein zu Hause am Radio, aber er ist es wert, daß ich auf ihn warte und mich anständig benehme, wenn er nicht da ist* ".

Formaler Aufbau: traditionelle 32-taktige Liedform mit der Abfolge A - A - B - A.

Im folgenden die ersten beiden Takte des Songs, notiert für das Spiel im *Stride style:* mit der linken Hand werden am Klavier auf den betonten Takteilen 1 und 3 einzelne Noten (Baßfunktion), mit der rechten Hand auf den unbetonten Taktteilen 2 und 4 Akkorde gespielt.

Zum Vergleich:

TB 16b: Sarah Vaughan (voc): The New York Scene in the 40´s, From Be-Bop to Cool, Aimez-vous le jazz / do you like jazz, CBS, (Aufnahme: 19.5.1950, New York), begleitet von der Jimmy Jones Band: Miles Davis (tp), Benny Green (tb), Tony Scott (Cl), Bud Johnson (ts), Jimmy Jones (p), Freddie Greene (git), Billy Taylor (b), J.C. Heard (dr).

AIN'T MISBEHAVIN'

Notwendige Klangbausteine:
c 31x/1/, cis/des 6x/1/, d 17x/1/4/, dis/es 6x/4/, e 24x/4/, f 13x/3/,
fis 10x/3/, g 23x/3/, gis/as 5x/2/, a 36x/2/, b 3x/2/, h 8x/1/,
Baßstäbe:
C 8x, CIS 1x, D 12x, DIS/ES 2x, E 4x, F 5x, G 5x, A 9x,

TB 16a

Text: Andy Razaf
Musik: Thomas Waller/Harry Brooks
Arr.: Bernhard Cronenberg

Einleitung

Beginne zum Playback erst ab Takt 5 zu spielen!

4/4

1	2	3	4
c . c .	c . c .	c . c .	c . h .
a . a .	a . a .	a . a .	a . a .
g . g .	g . g .	fis . fis .	f . f .
e . e .	es . es .	d . d .	d . d .
A . A .	C . C .	D . D .	D . G .

zähle 1 2 3 4 usw.

5 𝄋	6	7	8	9	10	1. 11	12
c . cis .	c . c .	c . c .	c . c .	c . des .	c . h .	d . cis .	c . h .
a . b .	a . a .	a . b .	a . as .	a . b .	a . a .	gis. a .	a . a .
g . g .	f . fis .	g . g .	f . f .	g . g .	f . f .	fis . g .	fis . f .
e . e .	d . dis .	e . e .	d . d .	e . es .	d . d .	e . e .	e . d .
C . CIS .	D . DIS .	E . C .	F . F .	E . ES .	D . G .	E . A .	D . G .

2. 13	14	3. 15 Fine
c . c .	c . h .	c . c .
a . as .	a . gis.	a . a .
g . f .	g . fis .	g . g .
e . d .	e . d .	e . e .
C . F .	C . E .	C . C .

16	17	18	19	20	21	22	23 𝄋 D.S. al Fine
c . c .	c . c .	c . c .	cis . cis .	h . h .	c . c .	h . cis .	c . h .
a . a .	a . a .	a . a .	a . a .	. . gis .	a . a .	. . a .	a . a .
g . g .	f . f .	fis . fis .	g . g .	g . f .	g . fis .	g . g .	fis . f .
e . e .	es . es .	e . e .	e . e .	d . d .	e . e .	d . e .	e . d .
A . A .	F . F .	D . D .	A . A .	D . D .	A . D .	G . A .	D . G .

S4432

AIN'T MISBEHAVIN'

Begleitsatz für 4 Stimmen und Bass

1. Stimme:	e2	1x.	d2	1x.	des2/cis2	6x.	c2	30x.	h1	8x.
2. Stimme:	b1	3x.	a1	36x.	as1/gis1	5x.				
3. Stimme:	g1	23x.	fis1	10x.	f1	13x.				
4. Stimme:	e1	23x.	es1/dis1	5x.	d1	16x.	c1	1x.		

TB 16a

Text: Andy Razaf
Musik: Thomas Waller / Harry Brooks
© Copyright by Indra, Musik- und Bühnenverlags GmbH., Langenzersdorf
Arr.: Bernhard Cronenberg

Einleitung

Beginne zum Playback erst ab Takt 5

11
1.
12
2.
13
14
3.
15
Fine
you.
you.
you.
Begleitsatz
Bass
16
17
18
19
Like Jack Hor-ner
in the cor-ner,
don't go no-where
What do I care,
D.S. al Fine
20
21
22
23
Your kiss- es are worth wait- in' for, be- lieve me.
D.S. al Fine

Joseph Kosma: AUTUMN LEAVES

TB 17a
TB 17b

Joseph Kosma

geb. 22.10.1905 in Budapest - gest. 7.8. 1969 *{63}* in La Roche Guyon bei Paris
Kosma studierte zunächst an der Musikhochschule in Budapest, von 1926-28 *{21-23}* war er Korrepetitor an der dortigen Staatsoper sowie Leiter von Avantgarde-Tanztheatern. Im Jahr 1929 *{24}* erhielt er ein Stipendium zum Studium in Berlin, wo die Begegnung mit Brecht, Eisler und Helene Weigel nachhaltig auf ihn einwirkte. Im Jahr 1933 *{28}* übersiedelte er nach Paris und wurde dort musikalischer Mitarbeiter französischer Filmregisseure. Unter anderem schrieb Kosma die Filmmusik zu Renoirs *La grande illusion* (1935 *{30}*), *La Marseillaise* (1936 *{31}*) und *La bête humaine* (1937 *{32}*). Zusammen mit dem Dichter Jacques Prévert förderte er ab dem Jahr 1935 *{30}* die Erneuerung der französischen Chansonliteratur. Kosmas Chansons, interpretiert von so namhaften Sängern wie Yves Montand oder Juliette Gréco, wurden Welterfolge. Im Jahr 1956 *{51}* erhielt er für das Chanson *Inventaire* einen Grand Prix de disque. Der Film *Juliette ou la clef des songes*, zu dem Kosma die Filmmusik schrieb, wurde 1951 *{46}* beim Filmfestival in Cannes preisgekrönt.

Autumn leaves

Im Text zu *Autumn leaves* (engl. Herbstblätter) bzw. *les feuilles mortes* (frz. die verwelkten Blätter) geht es, wie der bzw. die Titel bereits anklingen lassen, um Abschied und leidvolle Erinnerungen. Der englische Text beschreibt die schöne Zeit des Sommers, das ein Liebespaar zusammen erlebt hat. Dieses Paar muß sich jedoch trennen. Die aufkommende Herbststimmung kündigt den Winter an und damit melancholische Stimmung.

Das Stück wurde im Jahr 1955 *{50}* geschrieben (engl. Text: Johnny Mercer, frz. Text: Jacques Prévert). Charakteristisch sind das Mollthema im Umfang von 32 Takten (das französische Original umfaßt in der ursprünglichen Fassung als Chanson nur 16 Takte) und das balladenartige, mäßige Tempo. Bedeutende Interpreten nahmen sich dieses Stückes an: Nat King Cole (1956 gesungen), Miles Davis, Oscar Peterson, Erroll Garner, Dizzy Gillespie, Frank Sinatra und andere.

Formaler Aufbau: zweiteilige Liedform A - B
/ \
aa bc

Das Playback beginnt mit einer viertaktigen Einleitung, die auch als Zwischenspiel zwischen den Strophen bzw. als Nachspiel verwendet wird.

Zum Vergleich:

TB 17b: Oscar Peterson: Trio in Transition, The EmArcy Jazz Series, Mercury, (Aufnahme: 29.5.1965 Tivoli Gardens, Kopenhagen, Dänemark): Oscar Peterson (p), Ray Brown (b), Ed Thigpen (dr).

AUTUMN LEAVES

Engl. Text: Johnny Mercer
Frz. Text: Jacques Prévert
Musik: Joseph Kosma
Arr.: Gerhard Wanker

TB 17a

Notwendige Klangbausteine:
c 22x/1/2/, cis 4x/2/, d 20x/1/2/4/, dis 8x/4/,
e 49x/4/, fis 37x/3/, g 30x/2/3/, a 38x/2/,
h 46x/1/
Baßstäbe:
C 4x, D 6x, E 19x, FIS 6x, G 7x, A 12x, H 12x,

Einleitung / Zwischenspiel/ Nachspiel — 4/4 — Fine

	1	2	3	4
	h . d .	h . . .	h . d .	h . . .
	. . a .	. . a .	. . a .	. . . .
	g . fis .	g . fis .	g . fis .	g . . .
	e . e .	e . e .	e . e .	e . . .
	E . E .	E . E .	E . E .	E . . .
zähle	1 2 3 4	usw.		

Beginne zum Playback erst bei Takt 5 zu spielen!

Teil A

5	6	7	8	9	10	11	12
c . c .	c . c .	h . h .	h . h .	c . c .	h . h .	h . h .	h . . .
a . a .	a . a .	a . a .	d . d .	a . a .	a . a .	. . a .	. . . .
g . g .	fis . fis .	fis . fis .	g . g .	fis . fis .	fis . fis .	g . fis .	g . . .
e . e .	e . e .	d . d .	e . e .	e . e .	dis . dis .	e . e .	e . . .
A . A .	D . D .	G . G .	C . C .	FIS . FIS .	H . H .	E . E .	E . . .

13	14	15	16	17	18	19	20
c . c .	c . c .	h . h .	h . h .	c . c .	h . h .	h . h .	h . . .
a . a .	a . a .	a . a .	d . d .	a . a .	a . a .	. . a .	. . . .
g . g .	fis . fis .	fis . fis .	g . g .	fis . fis .	fis . fis .	g . fis .	g . . .
e . e .	e . e .	d . d .	e . e .	e . e .	e . dis .	e . e .	e . . .
A . A .	D . D .	G . G .	C . C .	FIS . FIS .	H . H .	E . E .	E . . .

Teil B

21	22	23	24	25	26	27	28
h . h .	h . h .	h . h .	h . h .	h . h .	h . h .	h . h .	h . . .
a . a .	a . a .	d . d .	cis . cis .	c . c .	c . c .	a . a .	g . . .
fis . fis .	fis . fis .	g . g .	g . g .	g . g .	fis . fis .	fis . fis .	fis . . .
e . e .	dis . dis .	e . e .	e . e .	e . e .	d . d .	d . d .	d . . .
H . H .	H . H .	E . E .	A . A .	A . A .	D . D .	G . G .	G . . .

29	30	31	32	33	34	35
c . c .	c . c .	h . h .	h . h .	h . h .	h . h .	h . d .
a . a .	a . a .	d . d .	cis . cis .	c . c .	a . a .	. . a .
fis . fis .	fis . fis .	g . g .	g . g .	g . g .	fis . fis .	g . fis .
e . e .	dis . dis .	e . e .	e . e .	e . e .	e . dis .	e . e .
FIS . FIS .	H . H .	E . E .	A . A .	A . A .	H . H .	E . E .

AUTUMN LEAVES

Begleitsatz für 4 Stimmen und Bass

TB 17a

1. Stimme:	e2 14x.	dis2 4x.	d2 15x.	cis2 4x.	c2 20x.
2. Stimme:	h1 27x.	a1 38x.			
3. Stimme:	g1 30x.	fis1 36x.			
4. Stimme:	e1 40x.	dis1 9x.	d1 9x.	c1 8x.	

Engl. Text: Johnny Mercer
Originaltext: Jacques Prévert
Musik: Joseph Kosma
Les Feuilles Mortes

Arr.: Gerhard Wanker

Beginne zum Playback erst ab Takt 5 zu spielen!

Einleitung / Zwischenspiel / Nachspiel

Teil A

S4432

Teil B
I used to hold. And since you went a-way, the days grow long,
moi qui t'ai- mais. Mais la vie se- pa- re ceux qui s'ai- ment
Begleitsatz
Bass
and soon I hear old win- ters song; but I miss you most of
tout dou-ce- ment sans faire de bruit, et la mer ef- fa- ce
all my dar- ling, when au- tumn starts to fall.
sur le sa- ble, les pas des amants des- u- nis.

Jerome Kern: ALL THE THINGS YOU ARE

TB 18a
TB 18b

Jerome Kern

geb. 27.1.1885 in New York - gest. 11.11.1945 *{60}* in New York
Jerome Kern erhielt den ersten Musikunterricht von seiner Mutter, in der Folge war er Schüler von Paolo Gallica und Alexander Lambert. Eine Fortsetzung seiner Musikstudien erfolgte in Deutschland, von wo er 1904 *{19}* wieder nach New York zurückkehrte. Immer stärker konzentrierte er sich auf das Klavierspiel und das Komponieren. Im Jahr 1905 *{20}* veröffentlichte er seinen ersten Song mit dem Titel *How´d you like to sporn with me.* Seit dem Jahr 1911 *{26}* stieg sein Bekanntheitsgrad beinahe exponentiell an. Zunächst noch in den USA mit seinen Musicals und Filmmusiken, die aufgrund ihrer leichtfaßlichen, eingängigen Melodik bei einem großen Publikum sofort Anklang fanden und teilweise ungewöhnliche Erfolgsstücke wurden, später auch in Europa. Aus der Vielzahl an Musicals (z.B.: *The Red Petticoat* (1912), *Have a Hart* (1917), *Sally* (1920), *Sunny* (1925), *Music in the Air* (1932)) erlangte eines besondere Bedeutung und Berühmtheit - *Showboat* (1927), mit dem Song *Ol´ Man River*.

All the things you are

Das Stück stammt aus dem Musical *Very Warm for May* (1939, *{54}*). Der Titel bezieht sich auf eine Liebeserklärung, die sich durch das ganze Stück hindurchzieht und mit den Worten: "*A some day I´ll know that moment divine when all the things you are are mine* " (zu Deutsch: Eines Tages werde ich diesen göttlichen (wunderbaren) Augenblick erleben, an dem du mein bist) ihren Höhepunkt und Abschluß findet. Der Text wurde von Oscar Hammerstein geschrieben, der als Librettist für zahlreiche Kern-Musicals verantwortlich zeichnet.
Stilistisch gesehen ist das Stück eine Jazz-Ballade der ausgehenden 30er Jahre. Charakteristisch ist die häufige Verwendung von Moll-Sept- und Dur-Major-Akkorden (Dur-Dreiklang mit großer Septime).

Formaler Aufbau: A - A´- B - A´´

A: bringt das 8-taktige Thema
A´: bringt das 8-taktige Thema in der Dominante in leicht veränderter Form mit einer Überleitung zu Teil B
B: 8-taktiger Mittelteil
A´´: 4 Takte des Themas in der Anfangstonart und 8-taktige Coda

Zum Vergleich:

TB 18b: Joe Pass: Virtuoso Joe Pass, Solo Guitar, 231 0708, Pablo, TB Harms Inc. (Aufnahme: Dezember 1973).

ALL THE THINGS YOU ARE

TB 18a

Text: Oscar Hammerstein
Musik: Jerome Kern
Arr.: Bernhard Cronenberg

Notwendige Klangbausteine:

c 37x/2/4/.	cis/des 26x/1/4/.	d 20x/1/4/.	dis/es 40x/1/4/.	e 11x/1/4/.	f 25x/1/.	fis/ges 18x/1/3/.
g 33x/3/.	gis/as 26x/3/.	a 17x/3/.	b 27x/2/.	h 20x/2/.		

Baßstäbe: C 8x, DES 5x, D 5x, ES 12x, E 4x, F 8x, FIS/GES 3x, G 9x, AS 9x, A 3x, B 11x, H 2x,

4/4

Einleitung — Beginne zum Playback erst ab Takt 5 zu spielen!

zähle 1 2 3 4 usw.

	1	2	3	4	5	6	7	8
	f . f .	es . es .	es . es .	f . es .	f . f .	f . f .	es . es .	es . es .
	b . b .	b . b .	c . c .	b . b .	c . c .	b . b .	b . b .	c . c .
	as . as .	g . g .	g . ges .	as . g .	as . as .	as . as .	g . g .	g . g .
	des . des.	des . des .	. . . .	des . des .	es . es .	des . des .	des . des .	. . . .
Bass	B . B .	ES . ES .	AS . A .	B . ES .	F . F .	B . B .	ES . ES .	AS . AS .

	9	10	11	12	13	14	15	16
	f . f .	f . f .	d . d .	. . . .	es . es .	f . f .	f . f .	d . d .
	c . c .	c . h .	h . h .	c . c .	b . b .	c . c .	b . b .	b . b .
	as . as .	a . g .	g . g .	a . a .	g . g .	as . as .	as . as .	g . g .
	des . des .	d . d .	e . e .	e . e .	c . c .	es . es .	d . d .	es . es .
Bass	DES . DES.	D . G .	C . C .	C . C .	C . C .	F . F .	B . B .	ES . ES .

	17	18	19	20	21	22	23	24
	. . . .	fis . fis .	fis . fis .	fis . fis .	. . . .	fis . fis .	fis . fis .	fis . fis .
	c . c .	c . c .	h . h .	h . h .	c . c .	c . c .	h . h .	h . h .
	g . g .	a . a .	a . a .	g . g .	g . g .	a . a .	a . a .	g . g .
	es . es .	d . d .	d . d .	d . d .	e . e .	d . d .	d . d .	d . d .
Bass	AS . AS .	D . D .	G . G .	G . G .	A . A .	D . D .	G . G .	G . G .

	25	26	27	28	29	30	31	32
	cis . cis .	fis . fis .	fis . fis .	e . e .	f . f .	f . f .	es . es .	es . es .
	h . h .	h . h .	h . h .	h . h .	c . c .	b . b .	b . b .	c . c .
	a . a .	a . a .	gis . gis .	gis . gis .	as . as .	as . as .	g . g .	g . g .
	e . e .	dis . dis .	dis . dis .	dis . dis .	es . es .	des . des .	des . des .	. . . .
Bass	FIS . FIS .	H . H .	E . E .	E . E .	F . F .	B . B .	ES . ES .	AS . AS .

	33	34	35	36	37	38	39	40
	f . f .	es . e .	es . es .	f . f .	f . f .	es . es .	es . . .	es . . .
	c . c .	h . b .	b . b .	c . c .	b . b .	b . b .	c . . .	c . . .
	as . as .	as . ges .	g . g .	a . a .	as . as.	g . g .	g . . .	g . . .
	des . des .	des . des .	c . c .	es . es .	des . des .	des . des .	c . . .	c . . .
Bass	DES . DES .	DES . GES .	C . C .	F . F .	B . B .	ES . ES .	AS . ES .	AS . . .

ALL THE THINGS YOU ARE

Begleitsatz für 4 Stimmen und Bass

1. Stimme:	fis2	16x,	f2	25x,	es2	23x,	e2	7x,	d2	4x,	cis2	2x,
2. Stimme:	c2	30x,	h1	20x,	b1	27x,						
3. Stimme:	a1	17x,	as1/gis1	26x,	g1	32x,	ges1	2x,				
4. Stimme:	e1	8x,	es1/dis1	18x,	d1	16x,	des1	24x,	c1	11x,		

TB 18a

Beginne zum Playback erst ab Takt 5 zu spielen!

Text: Oscar Hammerstein
Musik: Jerome Kern
Arr.: Bernhard Cronenberg

Einleitung

S4432

17
18
3
19
20
21
trem-bles on the brink of a love- ly song. You are the an- gel glow
Begleitsatz
Bass
22
23
24
25
26
27
that lights a star the dear-est things I know are what you are.
28
29
30
31
32
33
34
Some day my hap- py arms will hold you and some day I'll
35
3
36
37
38
39
40
know that mo-ment de- vine when all the things you are mine.

S4432

Henri Mancini: MOON RIVER

TB 19a
TB 19b

Henri Mancini

geb. 16.4. 1924 in Cleveland, Ohio, USA

Sein Vater, Quinto, und seine Mutter, Anna, zogen bald nach seiner Geburt in die Stahlstadt Aliquippa nach Pennsylvania. Dort erlernte er im Jahr 1932 *{8}* von seinem Vater die Querflöte. Im Jahr 1944 *{12}* begann er mit dem Klavierspiel und interessierte sich für Arrangements. Max Adkins, Dirigent und Arrangeur am *Stanley Theatre* in Pittsburgh unterstützte als Lehrer Mancinis diesbezügliche Interessen. Im Jahr 1942 *{18}* trat er in die *Julliard School of Music* in New York ein. In den Jahren 1943-45 *{19-21}* diente er während des 2. Weltkrieges in der US Air-Force und US-Infanterie. Im Jahr 1947 *{23}* heiratete er Ginny O´Connor, eine Sängerin. In den Jahren danach arbeitete er mit den Komponisten Ernst Krenek, Mario Castelnuovo-Tedesco und Alfred Sendry zusammen. Im Jahr 1952 *{28}* begann er seine Arbeit bei den Universal-International-Studios. In den sechs Jahren bis 1958 *{34}* war Henri Mancini an über hundert Filmen als Musiker und Arrangeur beteiligt, darunter z.B. *Glenn Miller-Story* und *Benny Goodman-Story*. Im Jahr 1958 *{34}* verließ er die Universal-International-Studios und arbeitete mit Blake Edwards, einem Musikproduzenten, zusammen. In diesem Jahr schrieb er auch die Filmmusik zur Fernsehserie *Peter Gunn*, sein erster großer Erfolg als Komponist und Arrangeur. Das Album *Music from Peter Gunn* wurde bis heute über 1 Million mal verkauft und erhielt 2 Grammies als *bestes Album und bestes Arrangement des Jahres*. Mancini und Edwards brachten weitere erfolgreiche Alben heraus, wie z.B. *Mr.Lucky* und *The Blues and the Beat*, die ebenfalls zu Grammy-Ehren kamen. Mancini kehrte wieder zum Film zurück und schrieb die Filmmusik zu zahlreichen Filmen:

- *Breakfast at Tiffany´s*
- *Days of Wine and Roses*
- *Pink Panther*
- *The great Race*

Im Jahr 1962 *{38}* erhielt Mancini zwei Oscars für die beste Original-Filmmusik zu *Breakfast at Tiffany´s* und für den besten Song *Moon River*. Ein Jahr danach, im Jahr 1963 *{39}*, erhielt er für die Musik zu *Days of Wine and Roses* einen weiteren Oscar. In den Jahren 1964-66 *{40-42}* folgten nochmals drei Nominierungen. Henri Mancini zählt somit zu den bedeutendsten und erfolgreichsten Komponisten im Bereich der Film- und Unterhaltungsmusik und hält mit 18 Grammies einen einsamen Rekord in den USA.

Moon River

Henri Mancini schrieb den Song als Teil der Filmmusik zu *Breakfast at Tiffany´s*. Er erhielt sowohl für diesen Song als auch für die gesamte Filmmusik einen Oscar (Academy Award). Weitere Auszeichnungen: Drei Grammies für den besten Song, die beste Platte und das beste Arrangement des Jahres (1962, *{38}*). Der Song besticht durch die relativ einfache, dafür ungemein ins Ohr gehende Melodie, die durch interessante harmonische Modulationen und für den Jazz typische Akkordverbindungen (z.B.: II-V-I Wendung in den Takten 14-16) belebt wird. Das Stück gibt eine verträumt-melancholische, dennoch zufriedene Stimmung wieder.

Formaler Aufbau: A - A´- B

A: 16 Takte (1.Strophe)
A´: 8 Takte (verkürzte 2. Strophe)
B: 14 Takte (Coda)

Zum Vergleich:

TB 19b: Motion Picture Sound Track Album: Tom Cruise, An Oliver Stone Picture: Born on the fourth of July, MCA Records, 1989.

Hinweis: Bei obigem Tonbeispiel kann ab dem Einsatz des Chores (Song zum zweiten Mal) mitgespielt werden.

MOON RIVER

TB 19a

Notwendige Klangbausteine:
c 2x/1/4/, cis 20x /1/4/, d 37x /3/ , dis 1x/4/, e 12x/3/, f 4x/3/,
fis 32x/3/, g 19x/2/, gis 3x/2/, a 24x/2/, ais/b 4x/1/, h 29x/1/,
Baßstäbe:
C 1x, CIS 3x, D 12x, E 3x, FIS 6x, G 10x, GIS 2x, A 4x, H 7x,

Beginne zum Playback erst ab Takt 5 zu spielen!

Text: Johnny Mercer
Musik: Henry Mancini
Arr.: Bernhard Cronenberg

Einleitung

3/4

1	2	3	4
cis . .	h . .	cis . .	h . .
a . .	g . .	a . .	g . .
fis . .	fis . .	fis . .	fis . .
d . .	d . .	d . .	d . .
D . .	G . .	D . .	G . .

5	6	7	8	9
cis . .	h . .	h . .	cis . .	h . .
a . .	a . .	g . .	a . .	g . .
fis . .	fis . .	fis . .	fis . .	fis . .
d . .	d . .	d . .	d . .	d . .
D . .	H . .	G . .	D . .	G . .

10	11	12	13	14
cis . .	h . .	ais . .	h . .	c . .
a . .	g . .	. . .	a . .	a . .
fis . .	e . .	e . .	fis . .	fis . .
d . .	cis . .	cis . .	d . .	d . .
D . .	CIS . .	FIS . .	H . .	D . .

15	16	17	18	19
h . .	b . .	h . .	h . h	. . h
g . .	g . .	a . .	gis . gis	a . a
fis . .	e . .	fis . .	f . f	e . fis
d . .	c . .	d . .	d . cis	cis . dis
G . .	C . .	H . .	GIS . CIS	FIS . H

20	21	22	23	24
h . cis	cis . .	h . .	h . .	cis . .
g . g	a . .	a . .	g . .	a . .
e . e	fis . .	fis . .	fis . .	fis . .
d . .	d . .	d . .	d . .	d . .
E . A	D . .	H . .	G . .	D . .

25	26	27	28	29
h . .	cis . .	h . .	ais . .	h . .
g . .	a . .	g . .	. . .	a . .
fis . .	fis . .	e . .	e . .	fis . .
d . .	d . .	cis . .	cis . .	d . .
G . .	D . .	CIS . .	FIS . .	H . .

30	31	32	33	34
h . .	h . .	h . .	cis . .	h . .
a . .	gis . .	g . .	a . .	g . .
fis . .	f . .	f . .	fis . .	fis . .
d . .	d . .	d . .	d . .	d . .
A . .	GIS . .	G . .	FIS . .	G . .

35	36	37	38	39
cis . .	h . .	cis . .	h . .	h . .
a . .	g . .	a . .	a . .	g . .
fis . .	fis . .	fis . .	fis . .	e . .
d . .	d . .	d . .	d . .	d . .
FIS . .	G . .	FIS . .	H . .	E . .

40	41 (1.)	42	43 (2.)	44
b . .	h . .	h . cis	h . .	h . .
g . .	a . .	g . g	a . .	a . .
e . .	fis . .	e . e	fis . .	fis . .
cis . .	d . .	d . .	d . .	d . .
A . .	D . .	E . A	D . .	D . .

MOON RIVER

Begleitsatz für 4 Stimmen und Bass

TB 19a

1. Stimme:	cis2	14x.	c2	1x.	h1	29x.	b1/ais1	4x.
2. Stimme:	a1	24x.	gis1	3x.	g1	19x.		
3. Stimme:	fis1	32x.	f1	4x.	e1	12x.		
4. Stimme:	dis1	1x.	d1	37x.	cis1	9x.	c1	1x.

Beginne zum Playback erst ab Takt 5 zu spielen!

Text: Johnny Mercer
Musik: Henry Mancini

Arr.: Bernhard Cronenberg

Einleitung

S4432

Begleitsatz
Bass
go- in' your way. Two drif- ters off to see the world, there's
such a lot of world to see. Where af- ter the
same rain- bow's end wai- tin' round the bend my Huck- le- ber- ry
friend, Moon Ri- ver and me. me.

John Lennon/Paul Mc Cartney: Yesterday

TB 20a
TB 20b

Aus vertragsrechtlichen Gründen wurden alle Beatles Songs, die von John Lennon oder Paul McCartney geschrieben wurden, unter *Lennon/McCartney* geführt. Tatsächlich schrieben die beiden aber nur wenige davon wirklich gemeinsam. *Yesterday* beispielsweise ist ein alleiniges Produkt von Paul McCartney, und auch an der Originalaufnahme dieses Stückes wirkte kein anderer Beatle mit.

James Paul McCartney
geb. 8.6.1942 in Liverpool, Großbritannien
Sein Vater war Baumwollhändler, seine Mutter Krankenschwester. Er lernte als Autodidakt Trompete, dann Gitarre. Als John Lennon ihn in seine erste Band *The Quarrymen* aufnahm, soll er folgendes gesagt haben: "*Paul kann gut Gitarre spielen, vielleicht sogar besser als ich, deshalb wollte ich ihn zuerst nicht in der Gruppe haben. Aber Paul war einfach zu gut, um auf ihn verzichten zu können.*" McCartney lebte zunächst in Liverpool, anschließend in London und seit Mitte der 70er Jahre bewohnt er eine Farm in Schottland. Von 1956-1970 *{14-28}* war er Mitglied der *Beatles*, mit denen er von 1962-1970 *{22-28}* 13 LP´s sowie eine Vielzahl von Singles veröffentlichte. Auf zahlreichen Tourneen feierte er mit der Gruppe bis dahin noch nie dagewesene Erfolge und die Beatles lösten die sogenannte *Beatlesmania* aus: Jedes Konzert war ein gesellschaftliches Ereignis mit Massenaufständen, Geschrei, Gejohle, ohnmächtigen Mädchen und einem ungeheuren Einsatz von Polizisten, die vergeblich versuchten, für Ordnung zu sorgen. Größte Erfolge aus dieser Zeit sind *Yesterday* (1965), *Michelle* (1965), *Hey Jude* (1968), *Let it be* (1969) und die LP *Sergeant Pepper´s Lonely Hearts Club Band* (1967).
Seit der Auflösung der Beatles im April des Jahres 1970 veröffentlichte er 15 Solo LP´s, teils mit seiner Frau Linda, teils mit seiner neuen Band *Wings*. Erfolgreichste Kompositionen der Nach-Beatles-Ära sind *Live and let die* für den gleichnamigen James Bond-Film (1972), *Band of the Run* (1973), *Ebony and Ivory* (1982) und *Say, say, say* (1984).

Yesterday
Als Paul McCartney den Song 1965 *{23}* für die fünfte Beatles-LP *Help* aufnahm, war er schon einige Zeit in seiner Schublade gelegen und zwar unter dem Titel *Scrambled Eggs* (Rühreier). Balladen hatte es bis zu diesem Zeitpunkt auf jeder Beatles-LP gegeben, aber die Instrumentation (akustische Gitarre und Streichquartett) von *Yesterday* war für die Popmusik absolut neu und geradezu revolutionär. Inwieweit die Idee dazu von McCartney selbst oder vom Produzenten der *Beatles*, George Martin, stammte, ist unbekannt. Unumstritten ist aber der ungeheure Einfluß auf die weitere Popmusik, der von diesem Stück ausging, insbesondere auf *As tears goes by* von den Rolling Stones. Bis heute zählt man weit über tausend Cover-Versionen von *Yesterday*. Die berührende Schlichtheit und Tiefe des Originals blieb jedoch unerreicht.

Formaler Aufbau: zweiteilig mit der Abfolge A - B.

Der siebentaktige A-Teil ist in der Popmusik außergewöhnlich und wechselt sich mit dem achttaktigen B-Teil ab.

Zum Vergleich:

TB 20b: The Beatles 1962-1966, An EMI Recording Apple Records.

YESTERDAY

TB 20a

Notwendige Klangbausteine:
c 25x/1/, d 11x/1/3/, e 22x/3/, f 9x/3/, fis 2x/3/, g 16x/2/, gis 4x/2/, a 17x/2/, h 5x/1/,
Baßstäbe:
C 14x, D 4x, E 4x, F 5x, G 6x, A 4x, H 2x,

Beginne zum Playback erst ab Takt 3 zu spielen!

Text/Musik: John Lennon/Paul Mc Cartney
Arr.: Gerhard Wanker

4/4

Einleitung

	1	2
	c . c .	c . c .
	g . g .	g . g .
	e . e .	e . e .
	C . C .	C . C .
zähle	1 2 3 4	usw.

Teil A (𝄋)

3	4	5	6	7	8	9
c . c .	h . h .	c . . c	c . h .	c . c .	c . c .	c . c .
g . g .	gis . gis .	a . . a	a . g .	a . g .	a . a .	a . g .
e . e .	d . d .	e . . e	d . d .	f . e .	e . fis .	f . e .
C . C .	E . E .	A . . G	F . G .	C . C .	A . D .	F . C .

(𝄌)

Teil B

10	11	12	13	14	15	16	17
d . d .	c . c .	d . h .	c . c .	d . d .	c . c .	d . h .	c . . .
a . gis .	a . a .	a . g .	g . g .	a . gis .	a . a .	a . g .	g . . .
e . e .	e . f .	f . f .	e . e .	e . e .	e . f .	f . f .	e . . .
H . E .	A G F .	D . G .	C . C .	H . E .	A G F .	D . G .	C . . .

D.S. al 𝄌 - 𝄌

Coda (𝄌) *ritardando*

18	19
c . d .	c . c .
g . a .	a . g .
e . fis .	f . e .
C . D .	F . C .

YESTERDAY

Begleitsatz für 3 Stimmen und Bass

1. Stimme:	d2	8x.	c2	26x.	h1	5x.		
2. Stimme:	a1	17x.	gis1	5x.	g1	17x.		
3. Stimme:	fis1	2x.	f1	9x.	e1	24x.	d1	4x.

TB 20a

Text und Musik: John Lennon/Paul McCartney

Arr.: Gerhard Wanker

Beginne zum Playback erst ab Takt 3 zu spielen!

S4432

Teil B
10
11
12
Why she had to go, I don't know, she would- n't
Begleitsatz
Bass
13
14
15
say. I said some- thing wrong now I
D.S. al
Coda
ritardando
16
17
18
19
long for yes- ter- day. I be- lieve in yes- ter- day!

S4432

John Lennon/Paul McCartney: MICHELLE

TB 21a
TB 21b

John Lennon
geb. 9.10.1940 in Liverpool - gest. 8.12.1980 *{40}* in New York
John Lennon wurde als Sohn eines Schiffsstewards geboren. Die musikalische Förderung erhielt John von seiner Mutter, die ihm die erste Gitarre kaufte. Nach der Scheidung seiner Eltern lebte er bei seiner Tante Mimi. In der Schule galt er als intelligent und interessiert, engagierte sich jedoch nur für Dinge, die ihn wirklich interessierten. Bereits mit sieben Jahren begann er, eigene Schriftstücke herzustellen, eine Mischung aus Collage, Comics, Karikaturen, Fotos und eigenen Gedichten. Er verwendete dabei gerne eine eigene Geheimsprache: kein Mensch außer ihm sollte seine Werke, in die er seine ganzen Gefühlswelt hineinverpackte, lesen können! Im Jahr 1952 *{12}* trat er in die Quarry Bank High School ein und gründete dort 1955 *{15}* zusammen mit Schulfreunden die Band *The Quarrymen*, aus der später durch Neuaufnahme von Musikern (Paul McCartney, George Harrison und Ringo Starr) die *Beatles* hervorgingen. Prägend für sein Leben war neben dem Tod seiner Mutter die Verbindung mit Yoko Ono, einer Happening-Künstlerin, die ihn von den *Beatles* weg in esoterische Experimental-Zirkel führte. John Lennon wurde am 8.12.1980 vor seinem Haus in New York von einem Verrückten erschossen. Neben seiner schöpferischen Tätigkeit bei den *Beatles* hat Lennon nach deren Trennung im Jahre 1970 zahlreiche eigene Songs geschrieben: *Imagine* (1971), *Live in New York City* (1972), *Mind Games* (1973), *Walls and Bridges* (1974), *Shaved Fish* (1975).

Paul McCartney: (siehe Seite 68)

Michelle
Michelle ist ein kleines, sprachlich und inhaltlich zauberhaftes Liebeslied. Es besticht durch seine zarte Schlichtheit in der Wahl der Worte und es ist gerade diese Zurückhaltung der Sprache, die überzeugt, weil sie echt ist. Es wird in dem Song gar nichts Außergewöhnliches gesagt: *"Ich liebe dich"*, *"ich muß dir zeigen, was du für mich bist"*, *"ich möchte dich"*. Alles scheint einfach hingesprochen, man braucht nichts zu erklären. Und doch schwingt mit, wie unzureichend die Sprache ist, um die gesamte Gefühlswelt der Liebe in Worte zu kleiden, denn: Michelle spricht in einer fremden Sprache. Deutlich wird spürbar, daß die Liebe jegliche sprachliche Barrieren überbrücken kann, daß es ohne Liebe, die weit über den sprachlichen Ausdruck hinausreicht, keine Kommunikation gäbe: *"Du verstehst schon, Michelle"*. In diesem Sinn hat die Erfahrung der Liebe in *Michelle* ihren tiefen, innigen Ausdruck gefunden.

Zum Vergleich:
TB 21b: The Beatles 1962-1966: An EMI Recording Apple Records.

MICHELLE

TB 21a

Notwendige Klangbausteine:
c 57x/3/, des 2x/3/, d 23x/2/, es 43x/2/, e 9x/2/, f 4x/4/, fis 9x/1/,
g 64x/1/4/, as 18x/4/, a 12x/4/, b 5x/4/, h 16x/3/,
Baßstäbe: C 20x, D 3x, ES 2x, F 12x, G 24x, AS 2x, A 6x, B 6x,

Text und Musik: John Lennon/Paul Mc Cartney
Arr.: Gerhard Wanker/Bernhard Cronenberg

4/4

Einleitung — Beginne zum Playback erst ab Takt 5 zu spielen!

zähle 1 2 3 4 usw.

	1	2	3	4	5	6	7	8
	g . g .	g . g .	g . g .	g . g .	g . g .	g . g .	g . g .	fis . fis .
	es . es .	es . es .	es . es .	d . d .	e . e .	es . es .	d . d .	es . es .
	c . h .	c . c .	c . c .	c . h .	c . c .	c . c .	c . c .	c . c .
	. . . .	b . a .	as . as .	f . f .	. . . .	as . as .	as . as .	a . a .
Bass	C . G .	C . G .	F . F .	G . G .	C . C .	F . F .	B . B .	A . A .

	9	10	11	12	13	14	15	16
	g . fis .	g . g .	g . g .	g . g .	g . g .	fis . fis .	g . fis .	g . g .
	d . es .	d . d .	e . e .	es . es .	d . d .	es . es .	d . es .	d . d .
	h . c .	h . h .	c . c .	c . c .	c . c .	c . c .	h . c .	h . h .
	. . a .	. . . .	. . . .	as . as .	as . as .	a . a .	. . a .	. . . .
Bass	G . D .	G . G .	C . C .	F . F .	B . B .	A . A .	G . D .	G . G .

	17	18	19	20	21	22	23	24
	g . g .	g . g .	g . g .	as . as .	g . g .	g . g .	g . g .	g . g .
	es . es .	es . es .	es . es .	es . es .	d . d .	es . es .	es . es .	es . es .
	c . c .	c . c .	des . des .	c . c .	c . c .	c . c .	c . h .	c . c .
	. . . .	. . . .	b . b .	. . . .	. . . .	. . . .	. . . .	b . a .
Bass	C . C .	C . C .	ES . ES .	AS . AS .	G . G .	C . C .	C . G .	C . G .

	25	26	27	28	29	30	31	32
	g . g .	g . g .	g . g .	g . g .	g . g .	fis . fis .	g . fis .	g . g .
	es . es .	d . d .	e . e .	es . es .	d . d .	es . es .	d . es .	d . d .
	c . c .	c . h .	c . c .	c . c .	c . c .	c . c .	h . c .	h . h .
	as . as .	f . f .	. . . .	as . as .	as . as .	a . a .	. . a .	. . . .
Bass	F . F .	G . G .	C . C .	F . F .	B . B .	A . A .	G . D .	G . G .

	33	34	35	36	37	38
	g . g .	g . g .	g . g .	g . g .	g . g .	g . . .
	es . es .	es . es .	es . es .	d . d .	e . e .	e . . .
	c . h .	c . c .	c . c .	h . h .	c . c .	c . . .
	. . . .	b . a .	as . as .	. . . .	. . . .	. . . .
Bass	C . G .	C . G .	F . F .	G . G .	C . G .	C . . .

MICHELLE

Begleitsatz für 4 Stimmen und Bass

1. Stimme:	as2	2x,	g2	64x,	fis2	9x,				
2. Stimme:	e	9x,	es2	43x,	d2	23x,				
3. Stimme:	des2	2x,	c2	57x,	h1	16x				
4. Stimme:	b1	5x,	a1	12x,	as1	20x,	g1	34x,	f1	4x,

TB 21a

Beginne zum Playback erst ab Takt 5 zu spielen!

Text und Musik: John Lennon / Paul McCartney
Maclen Music Ltd., England /
Northern Songs Ltd., England
Arr.: Gerhard Wanker / Bernhard Cronenberg

Einleitung

13
14
15
16
17
sont les mots qui vont tres bien en- semble, tres bien en- semble.
1. I love you, I love you, I
2. I needyou, I need you, I
Begleitsatz
Bass
18
19
20
21
love you, that's all I want to say. Un- til I find a
need you, I need to make you see. Oh what you mean to
22
23
24
25
26
way I will say the on- ly words I know that you'll un- der- stand.
me. Un- til I do I'm hop- ing you will know what I mean.

S4432

Mi- chelle ma belle, sont les mots qui vont tres bien en-
Begleitsatz
Bass
semble, tres bien en- semble, I will say the on- ly words I know that
you'll un- der- stand, my Mi- chelle.

S4432